JN161131

自然な敬語が基本から身につく本

髙橋圭子 著
Keiko Takahashi

研究社

はじめに

敬語の基本が自然に身につけられること。これが、この本の目的です。やさしいところから出発し、身近な用例を観察しながら、段階を踏んで無理なく進んでいけるように工夫して、社会人、就職活動の学生、さまざまな読者の皆さんのお役に立てることを願いながら書きました。肩の力を抜いて気軽に読み進めてください。

全体はステップ1からステップ5までの五段階に分かれています。いきなり全部をマスターしなくてもかまいません。やさしいところ・わかるところ・自信を持って使えるところ、そのステップまでで、十分丁寧で自然な敬語です。水泳にたとえると、個人メドレーができなければ泳げないというわけではありません。水中ウォーキング、平泳ぎ、自由形、自分の得意なものから少しずつ進んで行けばいいのと同じです。安心して自分のペースで読み進めてください。

はじめに

この本では、街で見かける看板などからもわかりやすい例を豊富に取り入れて、現在の敬語をできるだけわかりやすくシンプルに説明してあります。皆さんもぜひ、身近なところから実際の用例を集めてみてください。日常の風景を新しい視点から見ることで、新鮮な驚きや発見にきっと出会えるでしょう。敬語の理解にさらに役立つことはもちろんです。

敬語には、受けとめ方の個人差が大きいという特徴があります。この本では、文化審議会答申『敬語の指針』(二〇〇七)、文化庁『国語に関する世論調査』などを目安に、客観的な記述に努めました。巻末の「おすすめブックガイド」に紹介した本なども参考にしました。正誤の議論のある表現については、無用な誤解を招かないよう注意を喚起するとともに、それぞれの立場の論拠を示し、読者の皆さんが自分で考えて使っていけるようにしました。

この本の記述は「標準語」「全国共通語」などと呼ばれるものが中心ですが、実際には地域・職種・年代などさまざまな社会集団により、バラエティに富む敬語が使われています。その観察と記述に取り組んでみるのもきっと楽しいと思います。

読者の皆さんが自然に楽しく自信を持って、敬語を使いこなしてくださることを信じています。

二〇一六年十月　髙橋　圭子

目次

ステップ1
初心者コース

敬語は、円滑なコミュニケーションのための道具です。身構え過ぎず、油断せず、基礎から一歩ずつ確実に、使える敬語を広げていきましょう。

ステップ1では、敬語の中で最も身近な「です・ます」を中心に、日常の言葉と改まった言葉の違いなどを見ていきます。

1—1　まずは「です・ます」

まず、**文末を「です・ます」**で表してみましょう。
さっそく練習です。

問　一　次の文を、「です・ます」で表しましょう。

a　午後二時から会議だ。
b　データが古い。
c　本社へ企画書を持参する。

日本語の文は、述語（文末の中心になる語）の種類によって、a名詞文・b形容詞文・c動詞文の三種類に分けられます。a名詞文・b形容詞文の文末は「です」、c動詞文の文末は「ます」を使います。

解答例　一

a　午後二時から会議です。
b　データが古いです。
c　本社へ企画書を持参します。

問　二　次の文を、「です・ます」で表しましょう。

a　給料日は明日ではない。
b　部屋が広くない。
c　今日は残業しない。

「です・ます」の否定文には、次の二通りの形があります。

◆「マセン」系列

a　給料日は明日ではありません
b　部屋が広くありません

◆「ナイデス」系列

給料日は明日ではないです
部屋が広くないです

c　今日は残業しません　　今日は残業しないです

「ナイデス」系列は日本語の歴史に登場してから日が浅く、舌足らずで子供っぽいと感じる人もいます。**「マセン」系列のほうが適切**です。(1)

解答例　二

a　給料日は明日ではありません。

b　部屋が広くありません。

c　今日は残業しません。

問　三　次の文を、「です・ます」で表しましょう。

a　先週の売り上げは今週の二倍だった。

b　昨年は忙しかった。

c　昨日見積書が届いた。

(1)　話し言葉の用例では、「マセン」系列より「ナイデス」系列のほうが多用されています。「マセン」系列が自然に口から出てくるようにするには、意識的に練習する必要があります。

問　四　次の文を、「です・ます」で表しましょう。

a　新しい部長は田中氏ではなかった。

b　先月の残業は今月ほど多くなかった。

c　前回の打合せには出なかった。

問三・四の時制は過去です。過去の否定文も、「です・ます」には二通りの形があり、「ナイデス」系列より「マセン」系列のほうが適切です。

解答例　三

a　先週の売り上げは今週の二倍でした。

◆「マセン」系列

a　田中氏ではありませんでした

b　多くありませんでした

c　出ませんでした

◆「ナイデス」系列

田中氏ではなかったです

多くなかったです

出なかったです

b　昨年は忙しかったです。
c　昨日見積書が届きました。

解答例　四

a　新しい部長は田中氏ではありませんでした。
b　先月の残業は今月ほど多くありませんでした。
c　前回の打合せには出ませんでした。

なお、形容詞文の「古いです」・「忙しかったです」（解答例一・三b）も日本語の歴史に登場してから日が浅く、不自然だ、舌足らずで子供っぽい、などと感じる人もいます。(2) そこで、「です・ます」を自在に使いこなせるようになったら、「古いデータです」「昨年は多忙でした」のように文の種類を変えたり、「データが古いようです」「昨年は忙しかったですね」のように文末表現を変えたりするなど、工夫してみるといいでしょう。

（2）「形容詞＋です」は、『これからの敬語』（一九五二）で認められた形で、文化庁『国語に関する世論調査』（一九九六）では八割以上が「気にならない」と回答しています。一方、『問題な日本語』（二〇〇四、四十八～四十九頁）では、日常の話し言葉では問題ないとしても、書き言葉ではどこか落ち着かない感じが続いている、としています。

文末を「です・ます」にすれば、敬語の第一歩は踏み出せたことになります。敬語の分類では、「です・ます」は**「丁寧語」**と呼ばれ、**相手（「聞き手」「読み手」）や場面への配慮**を表します。

＊＊＊

本当にこれだけで大丈夫なのか、尊敬語・謙譲語といった敬語らしい敬語を使わなくて失礼にならないのか、と不安に思われる方、ご安心ください。現在の敬語は、**丁寧語が中心**です。コミュニケーションの現場では、相手、場面、話題に登場する人物などさまざまな要素に配慮する必要がありますが、最優先するべき要素は相手や場面です。ですから、丁寧語の「です・ます」を使いこなせれば、最初の一歩は合格できるわけなのです。

(3) 形容動詞とは、「静かな町」「元気な子供」のように、名詞の前が「〜な」になる語をいいます。「この町は静かだ」のように形容動詞が述語になる文は、名詞文と同じ形になります。

五　次の表を完成しましょう。

表 1–1　名詞文

		非過去	過去
普通体	肯定	学生だ	学生だった
	否定	学生ではない	学生ではなかった
丁寧体	肯定		
	否定		

表 1–2　形容動詞文[3]

		非過去	過去
普通体	肯定	静かだ	静かだった
	否定	静かではない	静かではなかった
丁寧体	肯定		
	否定		

表 1–3　形容詞文

		非過去	過去
普通体	肯定	難しい	難しかった
	否定	難しくない	難しくなかった
丁寧体	肯定		
	否定		

表 1–4　動詞文

		非過去	過去
普通体	肯定	行く	行った
	否定	行かない	行かなかった
丁寧体	肯定		
	否定		

1-1　まずは「です・ます」

表 1-1　名詞文

		非過去	過去
普通体	肯定	学生だ	学生だった
	否定	学生ではない	学生ではなかった
丁寧体	肯定	学生です	学生でした
	否定	学生ではありません	学生ではありませんでした

表 1-2　形容動詞文

		非過去	過去
普通体	肯定	静かだ	静かだった
	否定	静かではない	静かではなかった
丁寧体	肯定	静かです	静かでした
	否定	静かではありません	静かではありませんでした

表 1-3　形容詞文

		非過去	過去
普通体	肯定	難しい	難しかった
	否定	難しくない	難しくなかった
丁寧体	肯定	難しいです	難しかったです
	否定	難しくありません	難しくありませんでした

表 1-4　動詞文

		非過去	過去
普通体	肯定	行く	行った
	否定	行かない	行かなかった
丁寧体	肯定	行きます	行きました
	否定	行きません	行きませんでした

文の述べ方を文体（スタイル）といいます。

文末に丁寧語を使う文体を**「丁寧体」**、使わない文体を**「普通体」**といいます。丁寧体は「敬体」「です・ます体」、普通体は「常体」「だ体」ともいいます[4]。

表1―5は、日本語の文体をまとめたものです。

1―2　日常語を言い換える①

文末が「です・ます」なら、文全体も改まった言葉にそろえましょう。

まず、時に関わる言葉です。

表 1–5　日本語の文体

普通体	常体	だ体	
		である体	論文など
丁寧体	敬体	です・ます体	
		であります体	演説など
		(で) ございます体	最も丁寧度が高い

(4)　このほか、普通体には「である体」、丁寧体には「であります体」「(で) ございます体」もありますが、使用場面は限られています。「(で) ございます体」は「特別丁寧体」とも呼ばれます（ステップ5―3参照）。

◆日常の言葉	◆改まった言葉
今日	本日
昨日（きのう）	昨日（さくじつ）
明日（あした）	明日（あす・みょうにち）
おととい	一昨日
あさって	明後日
去年	昨年
来年	明年
さっき	さきほど・先刻
あとで	のちほど・後刻・後日
こないだ・この間	先日・過日
これから	今後
今度	①このたび　②次回

問六　次の文を「です・ます」で表し、全体を改まった言葉に変えましょう。

a　今日午後二時から会議の予定だ。

---

b 去年新しい工場が完成した。
c その件はあとで調べて報告する。
d この間の会議では反対意見は出なかった。
e さっきの電話は社長からではなかった。
f 今度、香港支社に転勤になった。
g それについては、今度話し合う。

解答例 六

a 本日午後二時から会議の予定です。
b 昨年新しい工場が完成しました。
c その件はのちほど調べて報告します。
d 先日の会議では反対意見は出ませんでした。
e さきほどの電話は社長からではありませんでした。
f このたび、香港支社に転勤になりました。
g それについては、次回話し合います。

次に、文中で使われる言葉です。

◆日常の言葉

すごい・すごく、とっても・とても
ちょっと
もっと
いまいち・あんまり
やっぱ・やっぱし・やっぱり
だいたい
だんだん
すぐに
しょっちゅう
いつも
〜とか…とか
〜なんか・なんて
〜って

◆改まった言葉

大変・非常に・きわめて
少し・少々・多少・やや
さらに・いっそう
あまり
やはり
ほぼ・概《おおむ》ね
次第に・徐々に
速《すみ》やかに・早急に・即刻
しばしば
常に
〜や…など
〜など
〜という

～みたく・みたいに
こっち、そっち、あっち、どっち
こんな、そんな、あんな、どんな

～のように
こちら、そちら、あちら、どちら
このような、そのような、あのような、どのような

問 七　次の文を「です・ます」で表し、全体を改まった言葉に変えましょう。

a　新製品の売り上げがだんだん増加している。
b　新しい工場の建設にだいたい全員が賛成した。
c　その意見にはいまいち賛成できない。
d　ミスに気づいたらすぐに改めることがやっぱり大切だ。
e　新聞とか雑誌で読んだ。
f　先輩みたくどんなことにも全力で取り組みたいと思う。

解答例 七

a　新製品の売り上げが徐々に増加しています。

b　新しい工場の建設にほぼ全員が賛成しました。
c　その意見にはあまり賛成できません。
d　ミスに気づいたら即刻改めることがやはり大切です。
e　新聞や雑誌などで読みました。
f　先輩のようにどんなことにも全力で取り組みたいと思います。

「とか」は、e「新聞とか雑誌（とか）」のように複数の事柄を示す語ですが、一つだけの場合にも用いて曖昧に表現する例が増えています。

お茶とか、もう出しましたか。

「たり」も、「歌ったり踊ったりする」のように複数の動作を表す語ですが、一つだけの場合にも用いて表現をぼかす例が増えています。

夏休み、ハワイとか行ったりしました。

「みたいだ」は「のようだ」のくだけた表現で、「みたいに」「みたいな」と活用します。「みたいに」をfのように「みたく」とする例が増えていますが、これは正用ではありません。また、「みたいな」を文末に用いて断定を避ける例も増えています。

さっき部長が、これ明日まで、みたいな。

これらは**「ぼかし言葉」**と呼ばれ、表現をやわらげる効果がありますが、不正確で無責任な印象を与えるので、普段から気をつけて、できるだけ使わないようにしましょう。

最後に、文頭の表現です。

◆日常の言葉
でも・だけど
じゃ（あ）
あと・それと
そ（う）したら
だから・なので
結果
基本
原則

◆改まった言葉
しかし・ところが
では・それでは
さらに・このほか・また・なお
そうすると
したがって・そのため
その結果・結果として
基本的に
原則として

正直　　正直なところ
最悪　　最悪の場合には

問 八　次の文を「です・ます」で表し、全体を改まった言葉に変えましょう。

a　でも、対策は進んでいない。
b　そしたら、こんな結論になる。
c　なので、そっちの案に決まった。
d　結果、リストラがもっと進められた。
e　基本、この方針は変わらない。
f　原則、交通費は実費だ。

解答例 八

a　しかし、対策は進んでいません。
b　そうすると、このような結論になります。

c　したがって、そちらの案に決まりました。
d　その結果、リストラがさらに進められました。
e　基本的に、この方針は変わりません。
f　原則として、交通費は実費です。

言葉は変化しますが、新しい表現には違和感を持つ人もいます。(5) **新しい形より古い形・もとの形のほうが無難**で、「です・ます」とも調和します。

自信がないときは国語辞典を引いて確認しましょう。例文を見て自分が使おうとする用法があるか、「話し言葉」「口語」「くだけた」「俗」などの注記がないか、確かめましょう。

辞書にもそれぞれ特徴があります。保守派の代表は『広辞苑』(岩波書店)です。一方、『三省堂国語辞典』(三省堂)、『明鏡国語辞典』(大修館書店)などは、新しい表現をいちはやく取り入れることで知られています。ウェブ辞書などによく使われている『大辞林』(三省堂)や『大辞泉』(小学館)などは、両者の中間的な性格です。

---

(5) 清少納言『枕草子』(平安中期・十世紀末頃)も、兼好法師『徒然草』(鎌倉末期・十四世紀頃)も、言葉の変化を嘆き非難しています。

問 九　次の言葉を複数の国語辞典で引いて、文頭の用法が記述されているかどうか確認しましょう。

a　なので　b　結果　c　あげく　d　正直

解答例 九　略

1―3　日常語を言い換える②

問 十　次の文を「です・ます」で表し、全体を改まった言葉に変えましょう。

a　新製品がとっても人気。

b　子供がだんだん少なくなってる。

c　自由に見れるようにする。

図 1-1　見れる

aは、「人気」という名詞で文が終わっています。日常的な友だちとのおしゃべりやメール、カジュアルな雑誌やインターネット・サイトなどでは多用されていますが、このような**「体言止め」は改まった文章にはふさわしくありません。**「人気だ」「人気がある」のようにきちんと最後まで言い切りましょう。

bの「〜てる」は、「〜ている」の縮約形です。話し言葉では発音の省エネのため縮約形が多用されますが、改まった言葉では、縮約形ではなく、もとの形を使います。

◆日常の言葉（縮約形）	**◆改まった言葉（もとの形）**
知ってる	知っている
見とく	見ておく
忘れちゃう	忘れてしまう
買ったげる	買ってあげる
行かなくちゃ	行かなくては（ならない）
出さなきゃ	出さなければ（ならない）
決まるんじゃないか	決まるのではないか

c「見れる」は、「見られる」から「ら」が抜けた、いわゆる「ら抜き言葉」です。意味は、可能（〜ことができる）です。「見《i》ない」「食べ《e》ない」は、「ない」の前が五十音図のイ《i》段とエ《e》段です。このような動詞を一段動詞といいます。(6)「来る」は特殊な活用でカ変動詞と呼ばれます。一段とカ変の可能形は、従来は「ない」を取って「られる」をつけたものでしたが、新しい可能形として「ら抜き言葉」が広がっています。

　しかし、第二十期国語審議会答申（一九九五）は、今後の動向を見守っていく必要があるとしながら、

> **共通語での改まった場での「ら抜き言葉」の使用は現時点では認知しかねるとすべきであろう。**

としています。

解答例　十

a　新製品が大変人気です。

(6)　五十音図の真ん中がウ段で、その上下の一段がイ段とエ段だからです。

b　子供が次第に少なくなっています。

c　自由に見られるようにします。

表 1-6　ら抜き言葉

	話す（五段）	見る（一段）	食べる（一段）	来る（カ変）
終止形	はなす	みる	たべる	くる
未然形＋ナイ	はなさない	みない	たべない	こない
従来の可能形	はなされる	みられる	たべられる	こられる
新しい可能形	はなせる 可能動詞	みれる	たべれる	これる

ら抜き言葉

表 1-7　新旧の可能形[(7)]

	話す（五段）	見る（一段）	食べる（一段）	来る（カ変）
終止形	hanas-u	mir-u	taber-u	kur-u
従来の可能形	hanas-ar-eru	mir-ar-eru	taber-ar-eru	kor-ar-eru
新しい可能形	hanas-eru	mir-eru	taber-eru	kor-eru

(7)　「ら抜き言葉」は、五段動詞の新しい可能形と同様、「ar」の脱落によるものです。五段動詞とは、「話さ《a》ない」のように「ない」の前がア《a》段になるもので、従来の可能形は「ない」を取って「れる」をつけたものでした。「ら抜き言葉」は日本語全体の大きな変化の一部なのです。詳しくは、井上史雄『日本語ウォッチング』をご覧ください。

問　十一　次の中で、「ら抜き言葉」と呼ばれるものはどれでしょうか。

a　この子はもう自分で服が着れる。
b　このはさみはよく切れる。
c　日照りで植物が枯れる。
d　私は、好き嫌いなく何でも食べれる。
e　この選手は、走れるし、守れるし、何でもやれる。
f　明日の朝五時なんてそんな早くに来れるだろうか。
g　この博物館では展示品を自由に見れる。

解説　十一

a「着る」の否定形は「着ない」ですから、「着られる」→「着れる」の「ら抜き言葉」です。
b「切れる」、c「枯れる」は、それぞれ一つの動詞です。「入れる」「折れる」「くれる」「慣れる」「晴れる」「別れる」など、「〜れる」という形の動詞はたくさんあります。

e「走れる」「守れる」「やれる」は、それぞれ「走る」「守る」「やる」の可能形です。否定形は、「走ら《a》ない」「守ら《a》ない」「やら《a》ない」であり、「ない」の前はア《a》段です。このような動詞を五段動詞といいます。五段動詞の可能形は、「話す《u》↓話せ《e》る」「書く《u》↓書け《e》る」「走る《u》↓走れ《e》る」のようになります（表1―7参照）。

解答例 十一 a d f g

問 十二 次の傍線部の「れる／られる」の意味を「受身・尊敬・可能・自発」の中から選びましょう。[8]

a 赤ずきんは狼に食べられた。

b 納豆は食べられますか。

c この歌を聞くと幼いころが思い出される。

d 次は部長が歌われる番だ。

---

(8) 自発は、自然にその心情になるという意味です。「思われる」「しのばれる」「思い出される」「案じられる」など、心情を表す動詞とともに使われます。

解答例　十二

a　受身　b　可能　c　自発　d　尊敬

言葉は、形と意味が一対一で対応すると誤解も少なく効率的ですが、「れる／られる」は明らかに負担過重です。新しい可能形は、可能を他の意味（尊敬・受身・自発）から区別することができる便利な形です。

「ら抜き言葉」は、言葉の簡素化・合理化の一環であり、使用はどんどん広がっています。正用と認められる日もそれほど遠くないかもしれません。

1―4　タブーの表現

「です・ます」の世界には、相手の領域に踏み込まない、「上から目線」の発話をしない、といったタブーがあります。親しい間柄のタメ語[9]の世界と、単純に言

(9)　敬語を使わない対等な言葉遣いを「タメ語」「タメ口」などといいます。「タメ」の語源には諸説ありますが、若者の間の隠語が一般にも広まったようです。

葉を置き換えればいいわけではないのです。

●相手の領域に踏み込まない

◆「です・ます」
×何が飲みたいですか。
×単身赴任ですか。さびしいですね。
×夏休み、どこへ行くんですか。
×これ、わかりますか。

◆タメ語
○何飲みたい？
○単身赴任？　さびしいね。
○夏休み、どこ行くの？
○これ、わかる？

欲求、感情、意志、能力といった相手の内面に踏み込む発話は、親しい間柄では問題なくとも、「です・ます」を使う相手には失礼です。

問十三　次の表現を失礼でないよう改めましょう。
a　コーヒーがほしいですか。
b　うれしいですか。

c　週末は温泉に行くつもりですか。
d　テニスができますか。

解説　十三

「〜たい」「ほしい」「つもり」「できる」「わかる」など相手の内面に踏み込む表現はタブーです。事実として述べるなど別の表現に置き換えましょう。

解答例　十三

a1　コーヒー、いかがですか。　【勧める】
a2　コーヒー、入れましょうか。　【申し出る】
a3　コーヒーが入りました。　【事実として報告する】
b　おめでとうございます。　【祝意を伝える】
c　週末は温泉ですか。　【事実として質問する】
d　テニスをしますか。　【事実として質問する】

また、相手を指す適切な言葉が見つからず、困った経験はありませんか。日本語は英語などと異なり、誰にでも使える二人称代名詞がありません。丁寧度が最も高いはずの**「あなた」**さえ目上には失礼です。動作でも言葉でも、相手を直接指すのは相手の領域への侵入になるからです。

そこで、相手を指すときは、二人称ではなく三人称の名詞を使います。**「社長」「部長」「先生」「お客様」**といった、地位や職業、立場などを表す言葉や、「鈴木様」「田中さん」といった名字です[10]。

コマーシャルやアンケートなど不特定多数の相手にはよく「あなた」が使われていますが、これもおすすめできません。

問　十四　次の表現を改めましょう。

a　あなたは、ふだん、食材をどこで買いますか。

b　あなたは、家計簿をつけていますか。

c　節約のため、あなたが工夫していることは何ですか。

---

(10)　相手を表す言葉は、基本的に上下で使い分けられます。上位者には「社長」「先生」「お父さん」など地位・役職名称が、下位者には名字・名前や「おまえ」「君」などの代名詞が使われます。詳しくは、鈴木孝夫『ことばと文化』をご覧ください。

解説　十四

日本語では、平叙文の主語は話し手、疑問文の主語は相手が初期値《デフォルト》で、わざわざ明示する必要はありません。「あなた」を使わなくても、十分自然で意味の通る表現が可能です。

解答例　十四

a　ふだん、食材をどこで買いますか。

b　家計簿をつけていますか。

c　節約のため、工夫していることは何ですか。

●「上から目線」に気をつける

「許可する」「禁止する」「ほめる」「ねぎらう」「励ます」といった言語行動は、基本的に、上位者が下位者に行うものです。うっかり使うと「上から目線」の失礼な言動になってしまいます。

問 十五　次の表現を改めましょう。

a 「この席では喫煙してもいいです。」

b 「この席では喫煙してはいけません。」

c 「カードでもいいですか。」「はい、いいです。」

d 「カードでも大丈夫ですか。(11)」「はい、大丈夫です。」

解説 十五

c・dは、相手の質問に使われた言葉をそのまま繰り返して答えると、「許可を与える」表現になるので、気をつけましょう。

解答例 十五

a 「この席では喫煙できます。」　【可能】

---

(11) 「大丈夫」の多用も最近の現象ですので、使い過ぎに注意しましょう。例「お代わり、大丈夫ですか↓お代わりはいかがですか」、「ここに座って大丈夫ですか↓ここに座ってもいいですか」

b　「この席では喫煙できません。」　【不可能】
c　「はい、どうぞ。／はい、もちろんです。」　【勧め】
d　「はい、どうぞ。／はい、どうぞご遠慮なく。」　【勧め】

問　十六　次の不適切な表現を改めましょう。
a　課長、お疲れ様でした。スピーチ、よかったですよ。
b　よくわかりました。室長、教え方が上手ですね。
c　店長、次の店でも頑張ってください。

解説　十六
上位者に対しては「ほめる」「ねぎらう」「励ます」より、**「恩恵」**を受けたことや**「感謝」**を表すほうが適切です。

解答例 十六

a　ありがとうございました。勉強になりました。

b　おかげさまで、よくわかりました。ありがとうございました。

c　店長、今までありがとうございました。店舗は変わっても、これからもご指導よろしくお願いいたします。

「ねぎらう」表現の受けとめ方は、時代や地域差、個人差などが大きいようです。①より②のほうが新しく登場した考え方です。

①　下から上へは「ご苦労様」も「お疲れ様」もともに不可

②　上から下へは「ご苦労様」、下から上へは「お疲れ様」を用いる

下から上への**「ご苦労様」は失礼**という考え方はほぼ定着しているようです。意見が分かれているのは**「お疲れ様」**で、多数派は②のようですが、①も少なくありません。[12]

(12)　文化庁『国語に関する世論調査』(二〇〇五)では、上位者には約七割が「お疲れ様(でした)」を用いると回答しています。一方、『朝日新聞』(二〇一五年十一月十一日)には、下から上への「お疲れ様」への反対意見が紹介されています。『敬語の指針』(二〇〇七、四十五〜四十六頁)は、「ご苦労様」は目上に用いないほうがよいと断言していますが、「お疲れ様」については曖昧です。時間外に仕事を教えてくれた上司には「ありがとうございました」と感謝を表し、一緒に書類作成に追われていた上司には「お疲れ様で

つまり、「お疲れ様」の受けとめ方の差は大きく、不快に思う人もいますので、**使わないほうが無難**です。

ただし、職種や職場によっては挨拶として「お疲れ様」を使うところも増えているようです。周囲の言葉によく耳をすませて判断しましょう。

ございました」と気持ちを込めれば良い、しかし「おかげ様で仕事が少しわかるようになってきました」などの表現も可能、としています。

コラム1 「敬語」は「敬意」を表す言葉？

伝統的に、「敬語」は「敬意」「敬《うやま》い」や「へりくだり」の気持ちを表す言葉、と説明されてきました。しかし、それは「敬語」の働きの一部にすぎません。「敬語」という名称は、「敬意」以外の「敬語」の働きを見えにくくしています。「敬意」を表さない「敬語」もあるのです。

例えば、見知らぬ人、初対面の人に話しかけるときも、

「すみません、駅はどこでしょう。」

「失礼ですが、お名前は何とおっしゃいますか。」

のように、敬語を使います。あるいは、親しい間柄でも喧嘩のときは、

「お考えはよくわかりました。もうお話しすることは何もございません。」

のように、（必要以上に）敬語を使うことがあります。

敬意、見知らぬ人、喧嘩…これらをすべて説明できる考え方として注目を集

めているのが、**「距離」**という考え方です。

上位の人物に対しては、「敬遠」という言葉があるように、距離をとることが敬意の表現になります。見知らぬ人・初対面の人物に対しては、危害の恐れのない、適度な距離が必要です。喧嘩の場面では、近づきたくない、遠ざかりたい、という意思表明になります。

さらに考えてみましょう。敬語を使うとき、本当に敬意を持っていますか。無能な上司だ、いやな顧客だ、と思っていても、「この相手には敬語を使うものだ、それが社会のルールだ」と思い、仕方なく使っている場合もあるでしょう。敬語の使用は、社会的規範を自分は**「わきまえ」**ている、常識ある社会人である、ということをアピールする働きもあるのです。

こういった事情を考慮し、**『敬語の指針』**（二〇〇七年文化審議会答申）では、敬語の働きを**「立てる＝言葉の上で高く位置づける」**と説明しています。「敬意」「敬い」「へりくだり」といった心の中を規定する表現を避け、あくまでも「言葉の上で」の働きとしているわけです。

「敬語」という名称にとらわれず、敬語の持つさまざまな面を理解していけば、必要以上に敬語の正誤にこだわる必要もなくなりますね。

ステップ１　確認クイズ

問 十七　次の文を、「です・ます」で表しましょう。

a　明日打合せがある。
b　明日打合せはない。
c　請求書は昨日ここにあった。
d　領収書は昨日ここにはなかった。

問 十八　次の文を、「です・ます」で表しましょう。

a　少し休憩しよう。
b　さらに検討が必要だろう。
c　誠実に対応したほうがいい。
d　慎重に議論しなければならない。

e　絶対に期日に遅れてはいけない。

問　十九　次の文を「です・ます」で表し、全体を改まった言葉に変えましょう。

a　入荷はだんだん減ってきた。
b　とたん、交渉は難航し始めた。
c　A社の定年は六十歳だ。対して、B社の定年は六十五歳だ。

解説　十七

「ある」は動詞ですが、その否定を表す「ない」は形容詞です。この組合せは変則的ですので注意しましょう。「ない」に引きずられ、b「ないです」・d「なかったです」と「ナイデス」系列にしてしまいがちですが、b「ありません」・d「ありませんでした」の「マセン」系列のほうがおすすめです。

解説 十八

これまで練習した文はすべて言い切り（断定）の形でしたが、実際の文では、「〜う／よう」といった意志や勧誘、「だろう」「かもしれない」といった推量・推測、「ほうがいい」「なければならない」「てはいけない」といった提案・義務・禁止など、話し手（書き手）のさまざまな判断が文末に来ます。これらの形も、「です・ます」で表せます。

a「〜う／よう」は「ましょう」、b「だろう」は「でしょう」になります。c「いい」は形容詞ですので「です」をつけます。d「ならない」は動詞「なる」の否定形ですから「なりません」にします。e「いけない」も同様に「いけません」になります。

解説 十九

a「減る」「減少する」は、意味は同じですが、和語と漢語という語種の違いがあります。一般的に、**和語より漢語のほうが硬くフォーマル**なイメージです(13)。

(13) 和語は「やまとことば」ともいい、ひらがなまたは漢字の訓読みの言葉です。漢語は、漢字の音読みの言葉です。

b・c「とたん」「対して」「比べて」などは、文頭では「そのとたん」「それに対して」「これに比べて」などとするのがフォーマルです。

解答例 十七

a 明日打合せがあります。

b 明日打合せはありません。

c 請求書は昨日ここにありました。

d 領収書は昨日ここにはありませんでした。

解答例 十八

a 少し休憩しましょう。

b さらに検討が必要でしょう。

c 誠実に対応したほうがいいです。

d 慎重に議論しなければなりません。

e　絶対に期日に遅れてはいけません。

解答例　十九

a　入荷は次第に減少してきました。

b　そのとたん、交渉は難航し始めました。

c　A社の定年は六十歳です。これに対して、B社の定年は六十五歳です。

ステップ2
中級コース

「です・ます」の丁寧語の次は、
敬語の中心である尊敬語と謙譲語を練習しましょう。
尊敬語をステップ2で、謙譲語をステップ3で扱います。

2—1　相手を「立てる」①

尊敬語は、話題の中の**動作をする人物を「立てる＝言葉の上で高く位置づける」**言葉です。現在は、**相手（「聞き手」・「読み手」）の動作**に使って**相手を立てる**ものが増えています（図２—１）。

尊敬語には、「いる→いらっしゃる」「言う→おっしゃる」などの特定形と、「お／ご〜になる」「〜れる／られる」などの一般形があります。これらの中で、**相手を立てる度合いが最も高いのは特定形**で、最も軽いのは「〜れる／られる」です。

特定形は、数が限られていて、よく使われるも

図 2–1　現代の尊敬語

のばかりですので、しっかり覚えましょう。

◆通常語	◆尊敬語
言う	おっしゃる
行く・来る(1)	いらっしゃる・おいでになる・お越しになる
いる	いらっしゃる・おいでになる
買う	お求めになる・お買い求めになる
(知らせを)聞く(2)	お耳に入る
気に入る	お気に召す(3)
着る	召す・お召しになる
くれる	くださる
知っている(4)	ご存じだ
知らない	ご存じない・ご存じでない
住む	お住まいになる
する	なさる
食べる・飲む(5)	召し上がる

---

(1)「来る」の尊敬語には、「見える」「お見えになる」もあります。

(2)音楽などを聞く場合は一般形の「お聞きになる」が使われます。

(3)「風邪をひく」「年をとる」の尊敬語として、「お風邪を召す」「お年を召す」という形もあります。

(4)動詞「知る」は、肯定文では「知っている」、否定文では「知らない」になります。

(5)「飲む」の場合は一般形の「お飲みになる」も使われます。

寝る　　　　おやすみになる
見る　　　　ご覧になる

敬語は、相手や場面などの文脈が大変重要です。聞き手が上司や顧客である場合、会議や交渉の場面などを具体的に思い浮かべながら練習しましょう。例を挙げます。

今朝のニュースをご覧になりましたか（↑見ましたか）。
すみません、何とおっしゃいましたか（↑言いましたか）。
昼食はもう召し上がりましたか（↑食べましたか）。

問一　次の発話を、相手が上司や顧客である場合に合うように、尊敬語を使って言い換えましょう。

a　明日のパーティーに行きますか。
b　A社が新薬開発に成功したのを知っていますか。
c　ゆうべはよく寝られましたか。

d　この資料はもう見てくれましたか。

e　すみません、もう一度言ってくれませんか。

解説　一

c「寝る」の尊敬語の「おやすみになる」を可能形にします。可能形は、「読む《u》↓読め《e》る」「書く《u》↓書け《e》る」のように、「なる《u》↓なれ《e》る」になります。

d・e「〜てくれる」は、話し手が相手の動作から**恩恵**を受けるという意味で、「見る」「言う」といった動詞だけより**「〜てくれる」**やその尊敬語の**「〜てくださる」**(6)を使うほうが、丁寧で自然です(7)。

解答例　一

a　明日のパーティーにいらっしゃいますか。

b　A社が新薬開発に成功したのをご存じですか。

c　ゆうべはよくおやすみになれましたか。

---

(6)「お読みくださる」「ご利用くださる」のように、**「お／ご〜くださる」**という形も使われます。

(7)日本語を母語としない力士が優勝インタビューで「お母さん、私を生んでありがとう」と述べました。テレビや新聞では「生んでくれて」と報道されていました。

d　この資料はもうご覧（になって）くださいましたか。(8)
e　すみません、もう一度おっしゃってくださいませんか。

2―2　相手を「立てる」②

●「お／ご〜になる」

尊敬語の一般形の一つは、**「お／ご〜になる」**です。規則的で、多くの動詞に使えますので、便利です。(9)

「お」と「ご」は、和語・漢語で使い分けるのが原則です。

お＋和語	例	お名前	お若い	お乗りになる
ご＋漢語	例	ご著書	ご立派な	ご乗車になる

和語は、「やまとことば」ともいいます。「山」「川」「ある」「いる」のように、

（8）「になって」を省略した形のほうがよく使われます。ステップ2―3参照。

（9）「お／ご〜になる」が使えない動詞には次のようなものがあります。
a特定形があるもの
×お見になる
×おくれになる
×お食べになる
bよくない意味のもの
つぶれる・失敗する等
c慣習的なもの
ねじる・ほどく・運転する・運動する・営業する・実験する・優勝する等
菊地康人『敬語再入門』に詳細なリストがあります。

ひらがなまたは漢字の訓読みで書き表される言葉です。漢語は、「住所」「講演」のように漢字の音読みの言葉です。

これを、「お／ご〜になる」にあてはめてみましょう。「乗る」「使う」など和語の動詞の尊敬語は、「お乗りになる」「お使いになる」のように、**「お＋和語動詞の連用形（マス）＋になる」**という形です。[10]

そして、「乗車する」「利用する」のように「漢語＋する」の形の動詞（漢語動詞）の尊敬語は、「ご利用になる」「ご乗車になる」のように、**「ご＋漢語（語幹）＋になる」**という形です。[11] また、「する」を尊敬語の「なさる」「される」にした「漢語＋なさる」「漢語＋される」や、さらに「ご」をつけた「ご＋漢語＋なさる」もよく用いられています。ただし、「ご＋漢語＋される」は誤用とされていますので気をつけましょう[12]（ステップ４―４参照）。

◎**尊敬語の一般形　その一**

お＋和語動詞の連用形（マス）＋になる	例　お乗りになる　お使いになる
ご＋漢語動詞の語幹＋になる	例　ご乗車になる　ご利用になる
漢語動詞の語幹＋なさる	例　乗車なさる　利用なさる

（10）動詞の連用形には「乗り（マス）」「乗っ（テ）」のように複数の形がありますが、ここで使うのは「マス」に続く形です。この形を本書では便宜上「連用形（マス）」と呼びます。

（11）「乗車し（ナイ）」「乗車する」の「乗車」のように、形が変わらない部分を「語幹」といいます。

（12）『敬語の指針』（二〇〇七、二十五頁）に「適切な形ではない」とあり、文化庁『国語に関する世論調査』（二〇一三）でも約四割が「気になる」と回答しています。

ご＋漢語動詞の語幹＋なさる　例　ご乗車なさる　ご利用なさる
漢語動詞の語幹＋される　例　乗車される　利用される
注意！　×ご＋漢語動詞の語幹＋される　例　ご乗車される　ご利用される

やや複雑になってきました。もっとシンプルに整理してみます(13)。

◎**尊敬語　まとめ**
A　特定形のある場合…特定形を使う　例　召し上がる　くださる
B　和語動詞の場合…「お〜になる」　例　お乗りになる　お使いになる
C　漢語動詞の場合…「〜なさる」　例　運転なさる　失敗なさる

例を挙げます。聞き手が上司や顧客である場合、会議や交渉の場面などを具体的に思い浮かべながら練習しましょう。

最優秀賞をおとりになったそうですね。（↑とったそうですね）
大きいお荷物はこちらにお預けになりませんか。（↑預けませんか）

(13)「お／ご〜になる」にできない動詞のほとんどは、特定形があるか、漢語動詞かのどちらかです。漢語動詞は「ご〜になる」が使えなくても「〜なさる」は使えます。

新しいプロジェクトを担当なさるそうですね。（↑担当するそうですね）
ご愛用者様の集いに参加なさいませんか。（↑参加しませんか）

問　二　次の発話を、相手が上司や顧客である場合に合うように、尊敬語を使って言い換えましょう。

a　今度本を書くそうですね。
b　便利な当店のカードを作りませんか。
c　新しい資料を作成するそうですね。
d　新車を購入しませんか。

解答例　二

a　今度本をお書きになるそうですね。
b　便利な当店のカードをお作りになりませんか。
c　新しい資料を作成なさるそうですね。
d　新車を購入なさいませんか。

●「〜れる／られる」

尊敬語の一般形の二つめは、助動詞**「れる／られる」**をつける方法です。

動詞に打消の「ない」をつけて、「書か《a》＋ない」のようにア段になったら「れる」をつけます。「起き《i》ない」「開け《e》ない」のようにイ段・エ段の場合は「られる」をつけます[14]。不規則動詞の「来《く》る」は「来《こ》られる」、「する」は「される」になります。

◎尊敬語の一般形　その二

		尊敬語
書く	書か《a》＋ない	書か《a》＋れる
話す	話さ《a》＋ない	話さ《a》＋れる
起きる	起き《i》＋ない	起き《i》＋られる
開ける	開け《e》＋ない	開け《e》＋られる
来《く》る		来《こ》られる
する		される

---

(14) 動詞に打消の助動詞「ない」をつけたときの形を未然形といいます。未然形がア段で終わるものを五段動詞、イ・エ段で終わるものを一段動詞といいます。

尊敬語の中で相手を「立てる」度合いが一番軽い形が「れる／られる」です。

また、「れる／られる」は尊敬のほかに受身・可能・自発の意味もあります。

尊敬語の意図を明確に伝えるなら、「れる／られる」以外を用いるほうが確かです。

しかし、「れる／られる」は尊敬語の中で最も便利な形です。「お／ご〜になる」のような使用の制限はなく、ほとんどすべての動詞に使えます。

例　言う　×お言いになる　○言われる　○おっしゃる
　　優勝する　×ご優勝になる　○優勝される　○優勝なさる

また、「おっしゃる」「いらっしゃる」のような特定形や、「お使いになる」「ご利用になる」のような「お／ご〜になる」は、仰々しく大げさな印象もあります。

このため、現在は手軽な「れる／られる」の尊敬語の使用が増えています。

2―3　依頼する

尊敬語を使って、依頼表現を練習しましょう。

「動詞＋てください」に尊敬語を使います。「待つ」の尊敬語は「お待ちになる」ですので、「待ってください」に尊敬語を使うと「お待ちになってください」になります。これでもいいのですが、実際には「になって」を省略した「お待ちください」がよく使われています。漢語動詞も同じです。「使用する」の尊敬語は「ご使用になる」、「使用してください」の尊敬語は「ご使用になってください」、実際には「ご使用ください」がよく使われています。

◎依頼表現　その一

「お＋和語動詞の連用形（マス）＋ください」　例　お待ちください　お使いください

「ご＋漢語動詞の語幹＋ください」　例　ご乗車ください　ご使用ください

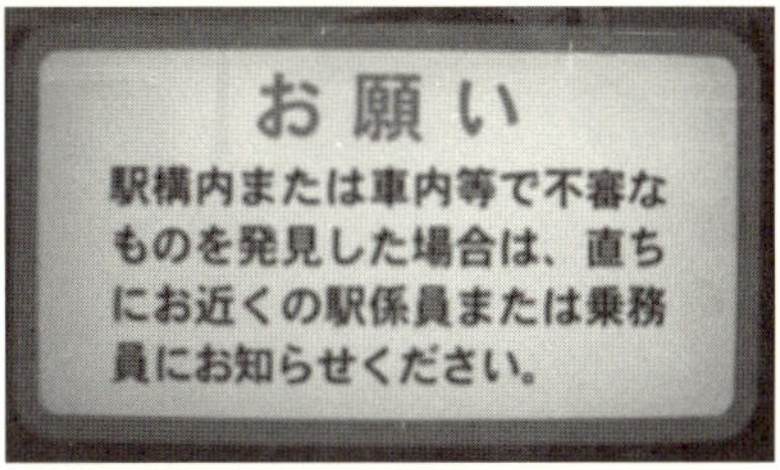

図 2-2　お知らせください

図 2-3　ご注意ください

問三　次の発話を、相手が上司や顧客である場合に合うように、尊敬語を使って言い換えましょう。

a　ここに名前を書いてください。

b　詳しくはホームページを見てください。

c　説明書をよく読んで使ってください。

d　異常のある部位には使わないでください。

e　押し合わず順番に乗車してください。

解答例　三

a　こちらにお名前をお書きください。
b　詳しくはホームページをご覧ください。
c　説明書をよく読んでお使いください。
d　異常のある部位にはお使いにならないでください。
e　押し合わず順番にご乗車ください。

解説　三

cは、動詞「読んで」「使って」を二つとも尊敬語にして、「説明書をよくお読みになってお使い（になって）ください」とすることも可能です。しかし、**過剰敬語**は印象が良くありません。**文末近くだけ敬語にするのが適切**です。ある化粧品の「使用上の注意」には、次のようにあります。

お肌に合わないときは、使用を中止し、皮ふ科医などにご相談ください。

eについては「ご乗車してください」「ご利用してください」といった形が多用されていますが、「お／ご〜する」は謙譲語で、相手の動作に使ってはいけません。和語動詞の場合も、「お〜してください」はNGです。

注意！

「**お**待ち**してください**」
「**ご**利用**してください**」

依頼は、自分にプラスになる行動を相手に求めることです。したがって、**恩恵**の授受を表す**「くれる」「もらう」**やそのバリエーションの**「くださる」「いただく」**がよく使われます。「くださる」は「くれる」の尊敬語、「いただく」は「もらう」の謙譲語です。「いただく」の可能形が**「いただける」**です。

図 2-4　ご注意してください

◎尊敬語を用いた依頼表現　その二

a「お／ご＋動詞＋くださいますか」 例 お待ちくださいますか
b「お／ご＋動詞＋くださいませんか」 例 ご決断くださいませんか
c「お／ご＋動詞＋いただけますか」 例 ご決断いただけますか
d「お／ご＋動詞＋いただけませんか」 例 お待ちいただけませんか

断定口調より決断を相手に委ねる疑問文のほうが丁寧です。また、肯定より否定の疑問文のほうが、相手が断る場合の負担を軽くするので丁寧です。したがって、aよりbのほうが、cよりdのほうが、丁寧な依頼です。

「くださる」と「いただく」の丁寧度の違いについて、『敬語の指針』（二〇〇七、四十頁）は**基本的には、どちらもほぼ同じように使える**としています。

問 四　次の発話を、丁寧度の高い依頼表現にかえましょう。

a　推薦状を書いてください。

b　十万円貸してください。

c　来週の金曜、休ませてください。

d　明日、来てください。

解説　四

依頼表現は、話し手と相手の関係（上下・親疎・立場など）や依頼の負担の大きさなどによってさまざまに使い分けられます。aは、相手が直属の上司かそうでないかで適切な丁寧度が異なります。bも、十万円の重みは人によって異なるでしょう。cも、休暇申請から当日までの日数、繁忙期かそうでないか、などで丁寧度を変える必要があります。dは、立場や依頼の正当性などで丁寧度もさまざまに変わります。

解答例　四

a　推薦状を書いていただけませんか。

b　十万円お貸しいただけませんか。
c　来週の金曜、休ませていただけませんか。
d　明日、〔お越しくださいますか／いらしていただけませんか〕[15]。

なお、最近は若い世代の間で、「書い**てもらってもいいですか**」「貸していただいてもよろしいでしょうか」といった、許可を求める文型を使った依頼表現が増えていますが、まだ一般的に受け入れられてはいないようです。[16] ここで練習している従来型の依頼表現を使うほうがおすすめです。

また、依頼にあたっては、いきなり依頼内容を述べるのではなく、前置きや謝罪、理由説明などの要素も必要です。依頼の談話の例を挙げます。

「すみません。　【切り出し】
お願いしたいことがあるんですが、　【前置き】
今ちょっとよろしいでしょうか。」　【可能性の確認】
「はい、何でしょうか。」　【相手の反応の確認】
「実は、今度、ロンドン支店に出張するのですが、　【事情の説明】

---

(15) 話し言葉では、「いらっしゃって→いらして」「いらっしゃった→いらした」となることがあります。
(16) 『続弾！ 問題な日本語』(二〇〇五)、『バカ丁寧化する日本語』などでも苦言が呈されています。

英語はあまり得意ではありませんので、　　【理由】
お忙しいところ申し訳ありませんが、　　【詫び】
この資料についてお教えいただけませんか。」　　【依頼】

一般的に、短い表現より長いほうが丁寧です。依頼内容だけを一気に述べると印象が良くありません。言い淀みつつ、相手の反応を確認しながら、誠実かつ丁重な態度で依頼しましょう。

問五　次のような場面で、どのように依頼しますか。相手を見つけて、ロール・プレイをしてみましょう。

a　先輩に、休日出勤のシフトを交代してもらいたい。その先輩とは、時々話はするが、プライベートな領域にまで踏み込んだ付き合いではない。

b　取引先からの資料が文字化けしている。もう一度送ってもらいたい。その取引先は、長年の大切なビジネス・パートナーである。

c　上司に命じられた書類が期限までにできそうもない。あと一日、待ってもらいたい。

解答例　五　略

解説　五

言葉だけでなく、お辞儀や視線などにも気をつけましょう。ロール・プレイを録画して、効果や印象をペアの相手と話し合ってみましょう。

2—4　間違えやすい尊敬語

間違い、誤用、などと聞いても恐れる必要はありません。間違えやすいところは限られています。それさえ注意すればいいのです。

尊敬語に関しては、二重敬語・過剰敬語に気をつけましょう。

問　六　敬語の使い方として不適切な箇所を、適切な表現に変えましょう。

a　社長、この書類はもうご覧になられましたか。
b　社長、ゆうべはよくお休みになられましたか。
c　社長、ワインを召し上がられますか。
d　社長、ワインをお召し上がりになられますか。
e　先生、今度本をお書きになられるそうですね。
f　部長、新しい資料をお作りになられるそうですね。

「ご覧になる」「お休みになる」は、それぞれ、「見る」「寝る」の尊敬語です。これに、尊敬の助動詞「れる」をつけたa「×ご覧になられる」・b「×お休みになられる」は、尊敬語を二つ重ねた**「二重敬語」**です。[17]「召し上がる」も「食べる・飲む」の尊敬語ですので、尊敬の助動詞「れる」をつけたc「×召し上がられる」は二重敬語です。d「×お召し上がりになられる」は、「召し上がる」「お～になる」「れる」の三つの尊敬語の形を重ねた三重敬語です。

「お書きになる」「お作りになる」も、「書く」「作る」の尊敬語ですから、「れる」をつけたe・fの「×お～になられる」は二重敬語です。

(17)　ただし、『敬語の指針』(二〇〇七、三十頁)は、習慣として定着している二重敬語の例として「お召し上がりになる」「お見えになる」を挙げています。

解答例 六

a 社長、この書類はもうご覧になりましたか。
b 社長、ゆうべはよくお休みになれましたか。
c 社長、ワインを召し上がりますか。
d 社長、ワインを召し上がりますか。
e 先生、今度本をお書きになるそうですね。
f 部長、新しい資料をお作りになるそうですね。

過剰敬語は、量的・質的に敬語を使い過ぎることです。二重敬語も量的な過剰敬語の一種です。

問 七 敬語の使い方として不適切な箇所を、適切な表現に変えましょう。
a お読み終わりになった本は、そのままご放置にならず、必ず元の位置にお戻しになってください。
b 可愛いワンちゃんがいらっしゃいますね。

c　ご注文の品はおそろいになりましたか。

d　わたしの先輩は、ヒッチハイクでアメリカ横断をなさいました。

e　トイレットペーパーを持ち帰る方がいらっしゃいますが、持ち帰らないでください。

aは量的、b～eは質的な使い過ぎの例です。

aのように複数の動詞がある場合、すべてを尊敬語にすると多過ぎます。文末近くのみ尊敬語を使うのが適量です。

質的には、b・cのようにペットや物まで尊敬語を使うのは過剰です。また、dのように自分の側の人物、eのように良くない行動をしている人物まで尊敬語を使う必要はありません。(18)

解答例　七

a　読み終わった本は、そのまま放置せず必ず元の位置にお戻しください。

b　可愛いワンちゃんがいますね。

---

(18)　野口恵子『バカ丁寧化する日本語』には、「この会社は十年以上前から賞味期限改竄をなさっているんですよね」「(容疑者は凶器の使い方を)ご自宅でもかなり練習されていたそうです」といった例が紹介されています。

c　ご注文の品はそろいましたか。

d　わたしの先輩は、ヒッチハイクでアメリカ横断をしました。

e　トイレットペーパーを持ち帰らないでください。

コラム2　敬意低減の法則

言葉は、使われていくうちに擦り減って、丁寧度が下がってきます。これは他の言語にも普遍的に見られます。この傾向を「敬意逓減の法則」「敬意低減の法則」などと呼びます。「逓減」とは「次第に減る」という意味です。

この例としてよく挙げられるのが、二人称代名詞です。**「おまえ」「きみ」「きさま」**は、以前は「宮の御前」「源氏の君」「貴様」といったように、敬称として用いられていました。

「やる」「あげる」も、敬意低減の法則の好例です。以前は、「やる」は（下位者に）与える意の通常語で、「あげる」は（上位者に）さしあげる意の謙譲語でした。しかし、丁寧度が擦り減り、現在の共通語では「やる」は粗野な言葉に、「あげる」は通常語になり、「子供にお小遣いをあげる」「ペットにエサをあげる」「花に水をあげる」といった表現が広がっています。

二重敬語・過剰敬語の要因の一つも、この敬意低減の法則です。「おっしゃる」「お帰りになる」の敬意が擦り減り、不十分と感じられてきたため、「おっしゃられる」「お帰りになられる」のようにさらに敬語を付加するようになったのです。

「敬意低減の法則」について、詳しくは、井上史雄『敬語はこわくない』（一九九九、講談社現代新書）をご覧ください。

図 2–5　エサをやらないでください

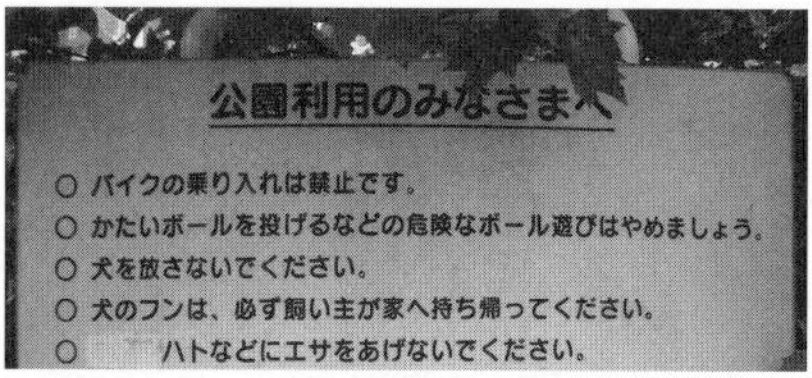

図 2–6　エサをあげないでください

図 2–7　エサを与えないでください

ステップ2　確認クイズ

問八　次の発話を、尊敬語を使って言い換えましょう。

a　あの人は誰か知っていますか。
b　シンガポールではどこに宿泊しましたか。
c　すぐ上の階へは、階段を使ってください。
d　もう一度説明してください。

問九　敬語の使い方として不適切な箇所を、適切な表現に変えましょう。

a　お気に召されましたか。ぜひどうぞ。
b　どのくらいお待ちになられましたか。
c　会場は、受付でお聞きしてください。
d　ニューヨークへは何日にご出発になられますか。

e　どうぞ足元にご注意してください。
f　使い方は、おわかりになりましたか。

解答例　八

a　あの方はどなたかご存じですか。
b　シンガポールではどこに宿泊なさいましたか。
c　すぐ上の階へは、階段をお使いください。
d　もう一度ご説明いただけませんか。

解答例　九

a　お気に召しましたか。ぜひどうぞ。
b　どのくらいお待ちになりましたか。
c　会場は、受付でお聞きください。
d　ニューヨークへは何日に出発なさいますか。

e　どうぞ足元にご注意ください。

f　ご不明の点はございませんか。(19)

(19)「です・ます」でタブーの表現（ステップ1―4）は、尊敬語を使ってもやはり失礼です。欲求・感情・意志・能力といった相手の内面に踏み込む表現は避けましょう。なお、「ございます」は「あります」の更に丁寧な言葉です（ステップ4―3）。

ステップ3
上級コース

いよいよ、敬語の最難関の謙譲語です。

これをマスターすれば、敬語は一通り完成です。

山頂はもうすぐです。

広い意味での謙譲語は、狭義の謙譲語と丁重語に分かれます[1]。

本書ではそれぞれ、謙譲語・丁重語と呼び、謙譲語をステップ3、丁重語をステップ4で練習します。

3―1　下手《したて》に出る①

謙譲語は、話題の中の**動作の対象の人物を「立てる＝言葉の上で高く位置づける」**言葉です。現在は、**自分の動作に使い、自分を下げて相手を立てる**ものが増えています。

ポイント
◎相手の動作・・・・・・・尊敬語
◎話し手の動作・・・・・・謙譲語

謙譲語の形には、「言う→申し上げる」、「聞く→伺《うかが》う」などの特定形と、「お／ご〜

図3–1　現代の謙譲語

する」などの一般形があります[2]。

特定形は数が限られていて、よく使われるものばかりですので、しっかり覚えましょう。尊敬語と混同しないよう、気をつけましょう。

◆通常語	◆謙譲語
会う	お目にかかる
あげる	さしあげる
言う	申し上げる・※申す[3]
いる	※おる
行く・来る	伺う・※参《まい》る
聞く・尋ねる・訪ねる	伺う
(知らせを) 聞かせる	お耳に入れる
思う	※存じる
知る	存じ上げる・※存じる
する	※いたす
食べる・飲む	いただく・頂戴《ちょうだい》する

（1）『敬語の指針』（二〇〇七）ではそれぞれ、謙譲語Ⅰ・謙譲語Ⅱ（丁重語）と呼んでいます。

（2）相手を「立てる」度合いは、特定形のほうが一般形より高いとされています。

（3）※は、丁重語（謙譲語Ⅱ）としても使われます。

見る　　　　　　　　拝見する
見せる　　　　　　　お目にかける・ご覧に入れる
もらう　　　　　　　いただく・頂戴する

敬語は、相手や場面などの文脈が大変重要ですので、聞き手が上司や顧客である場合、会議や交渉の場面など、具体的に思い浮かべながら練習しましょう。例を挙げます。

来週、御社《おんしゃ》に伺う予定です。
できればご意見を伺いたいのですが。
先日は、結構なものを頂戴しまして、まことにありがとうございました。
我が社の方針は、先日申し上げたとおりです。

問　一　次の発話を、相手が上司や顧客である場合に合うように、謙譲語を使って言い換えましょう。

a　（イベント会場の入り口で）ここでチケットを見ます。

b　（相手の会社を訪問する約束で）明日三時に行きます。
c　（相手が名刺を渡そうとしているので）さっきもらいました。
d　今度また会える機会を楽しみにしています。

解答例　一

a　こちらでチケットを拝見します。
b　明日三時に伺います。
c　さきほど｛いただきました／頂戴しました｝。
d　今度またお目にかかれる機会を楽しみにしております。

謙譲語には、「**拝～する**」という形もあります。「拝見・拝察・拝借・拝受・拝聴・拝読」などです。漢語ですので、フォーマルな印象があります。

問　二　次の発話を、相手が上司や顧客である場合に合うように、謙譲語を使って言い換えましょう。

a　メール受け取りました。　（相手からのメールの返信に）
b　企画書読みました。　（相手が作成した企画書を読んで）
c　先日借りた資料を返します。　（相手から借りた資料を返す際）
d　講演を聞けて感動しました。　（相手の講演を聞いて）

解答例　二

a　メール拝受しました。
b　企画書拝読しました。
c　先日拝借した資料をお返しします。
d　ご講演を拝聴できて感動いたしました。

注意1

謙譲語は、相手にかかわらない動作には使えません。

?先週の日曜、映画を拝見しました。

という発話は、相手がその映画の監督・出演者などの関係者であれば成立しますが、そうでない場合は不適切です。

3―2　下手に出る ②

謙譲語の一般形は、**「お／ご〜する」**です。

「待つ」「呼ぶ」のような和語動詞は、「お持ちする」「お呼びする」のように**「お＋和語動詞の連用形（マス）＋する」**という形です。「説明する」「案内する」のような「漢語＋する」の形の動詞（漢語動詞）の謙譲語は、「ご説明する」「ご案内する」のように**「ご＋漢語（語幹）＋する」**という形です。(4)

◎尊敬語・謙譲語の一般形

	尊敬語	謙譲語
和語動詞	**お＋連用形（マス）＋になる**	**お＋連用形（マス）＋する**
	例　お待ちになる	例　お待ちする

(4)「お願いいたします」「ご案内申し（上げ）ます」のように、**「お／ご〜いたします」「お／ご〜申し（上げ）ます」**という形もあります。

漢語動詞　ご＋語幹＋になる　　**ご＋語幹＋する**

例　ご案内になる　　例　ご案内する

例を挙げます。聞き手が上司や顧客である場合、会議や交渉の場面などを具体的に思い浮かべながら練習しましょう。

資料ができ次第お送りします。
お荷物、お持ちしましょうか。
お席にご案内いたします。
今後ともなにとぞよろしくお願い申し上げます。

問三　次の発話を、相手が上司や顧客である場合に合うように、謙譲語を使って言い換えましょう。

a　詳細はメールで知らせます。
b　コピーを取りましょうか。
c　連絡を待っています。

d　これから、来年度の計画を説明します。

e　できるだけ早く連絡します。

解答例　三

a　詳細はメールで{お知らせします／お知らせいたします}。

b　コピーを{お取りしましょうか／お取りいたしましょうか}。

c　ご連絡を{お待ちして／お待ちいたして}おります。

d　これから、来年度の計画を{ご説明します／ご説明いたします}。

e　できるだけ早く{ご連絡します／ご連絡いたします}。

注意1

謙譲語は、相手にかかわらない動作には使えません。

?昨夜はラーメンをお作りしました。

このような発話は、立てるべき相手の食事であれば成立しますが、そうでない場合(自分の食事など)は不適切です。

図 3–2　ご提供します

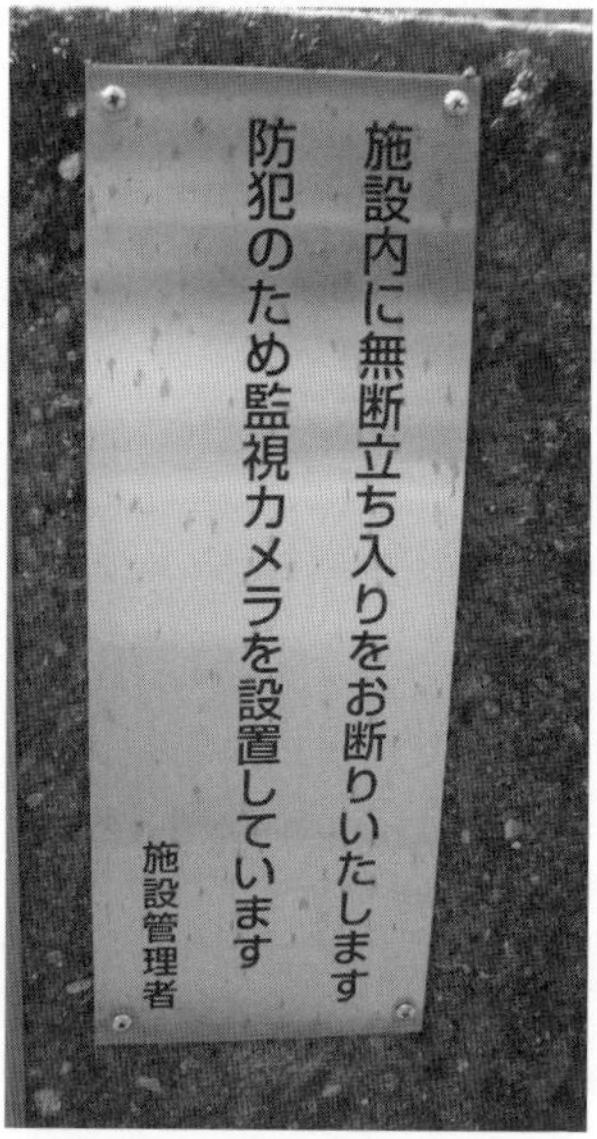

図 3–3　お断りいたします

注意２

謙譲語は、話し手が下手に出て相手を立てます。下手に出る態度とそぐわない動詞は、謙譲語にすると不自然です。

×私の政策をお訴えします。

×この方針には断固ご抗議いたします。

「訴える」は強く主張する、「抗議」は強く反対するという意味で、「断固」も強い態度を表します。いずれも、謙譲語の下手に出る態度と矛盾します。

×部長、新しいパソコンの使い方をお教えします。

×お客様にお似合いの服を選んでさしあげます。

「教える」「あげる」は、ともに「上から目線」の言葉ですから、謙譲語の下手に出る態度と矛盾します。

○お手伝いできることがありましたら、何なりとお申し付けください。

など、相手の面子《メンツ》を損なわない表現を工夫するとよいでしょう。

3—3 「〜(さ)せていただく」

本日休業させていただきます。
それでは、始めさせていただきます。

「〜(さ)せていただく」は、謙譲語の新しい一般形として広く使われるようになっています。しかし、この表現は日本語の歴史に登場してまだ日が浅いためか、違和感・反感を覚える人たちもいます。

「(さ)せる」は使役・許容を表します。[5]「いただく」は「もらう」の謙譲語で、相手から**恩恵**を受けるという意味です。つまり「〜(さ)せていただく」は文字通りには、「〜することを相手に許していただく」という意味になります。

例えば、相手の手元にある資料を読みたいときなら、

(5) 許容とは、「子供を自由に遊ばせる」のように、したいように自由にさせるという意味です。「いやがる子供に無理に野菜を食べさせる」のような強制とは異なります。

その資料、読ませていただけますか。

という発話は本来の意味どおりであり、問題はありません。

また、実際には相手の許可とは無関係の場合でも、あたかも許可という恩恵を受けているかのように見立てて表現することがあります。

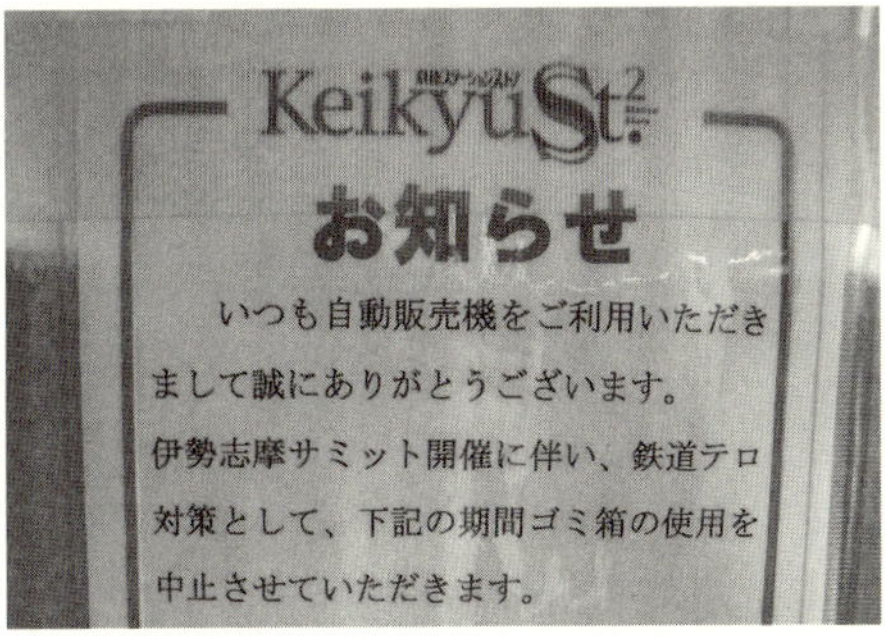

図 3-4　中止させていただきます

このたび、私たち二人は結婚させていただくことになりました。

バスカードの販売は七月末日までとさせていただきます。

「〜（さ）せていただく」の許容度は、この見立てをどこまでなら自然なものとして受け入れられるかの個人差によります。特に、「〜（さ）せていただきます」という言い切りの形は相手に有無を言わせぬ宣言です。実際には話し手の意志ですでに決定されているのに慇懃《いんぎん》無礼《ぶれい》である、と不快感を募らせてしまうわけです。

とは言え、「〜（さ）せていただく」は「お／ご〜する」より便利です。使える動詞も「お／ご〜する」より多いですし、尊敬語の「お／ご〜になる」と間違える心配もありません。「〜（さ）せていただく」全体でひとかたまりの謙譲表現と受けとめ、特に不快感はない、という人たちもいます。

つまり、「〜（さ）せていただく」の受けとめ方は個人差が大きいので、**使い過ぎないよう**注意が必要です。

『敬語の指針』（二〇〇七、四十〜四十一頁）は、「〜（さ）せていただく」を次のように分類しています。①は適切ですが、②からは数字が大きくなるほど元の意味から離れ見立ての部分が増えるため、違和感が大きくなります。

①　相手が所有している本をコピーするため、許可を求めるときの表現
「コピーを取らせていただけますか。」

②　研究発表会などにおける冒頭の表現
「それでは、発表させていただきます。」

③ 店の休業を張り紙などで告知するときの表現

「本日、休業させていただきます。」

④ 結婚式における祝辞の表現

「私は、新郎と三年間同じクラスで勉強させていただいた者です。」

⑤ 自己紹介の表現

「私は、○○高校を卒業させていただきました。」

②以下は、例えば次のように言い換えることが可能です。

② 「それでは、発表いたします。」

③ 「本日、休業いたします。」

④ 「・・・同じクラスで｛勉強した者です／勉強いたしました｝。」

⑤ 「私は、○○高校を卒業いたしました。」

「～（さ）せていただく」には、形の注意もあります。

動詞に打消の「ない」をつけて、「書か《a》＋ない」のようにア段になったら「せていただく」をつけます。「起き《i》ない」「開け《e》ない」のようにイ段・エ段の場合は「させていただく」をつけます。(6) 不規則動詞の「来《く》る」は「来《こ》させていただく」、「する」は「させていただく」になります。

◎「～（さ）せていただく」

書く	書か《a》＋ない	書か《a》＋せていただく
話す	話さ《a》＋ない	話さ《a》＋せていただく
起きる	起き《i》＋ない	起き《i》＋させていただく
開ける	開け《e》＋ない	開け《e》＋させていただく
来《く》る		来《こ》させていただく
する		させていただく

「休む」「歌う」などは「休ま《a》＋ない」「歌わ《a》＋ない」となりますから、「休ま《a》＋せていただく」「歌わ《a》＋せていただく」となります。ところが、ここに「さ」を入れ、「休まさせていただく」「歌わさせていただく」とする「さ入れ言葉」が増えています。(7) 気をつけましょう。

（6） 動詞に打消の助動詞「ない」をつける場合の形を未然形といいます。未然形がア段で終わるものを五段動詞、イ・エ段で終わるものを一段動詞といいます。

（7） 文化庁『国語に関する世論調査』（二〇一三）では、「あしたは休まさせていただきます」に対して約四十%が「気にならない」と回答しています。

3—4 間違えやすい謙譲語

敬語の誤用・乱れの指摘が盛んですが、そのほとんどは無害ですので、さほど神経質になる必要はありません。

しかし、謙譲語を尊敬語のつもりで使ってしまうのは最も深刻な誤用です。謙譲語は動作の対象を立てるので、相対的に動作をする人が低くなります。したがって、相手の動作に尊敬語のつもりで謙譲語を使ってしまうと、相手を低めることになり、不快感を与えてしまうのです。尊敬語と謙譲語の形をしっかり頭に入れ、よく整理しておきましょう。

ポイント

◎相手の動作・・・・・・・尊敬語　お／ご〜になる

◎話し手の動作・・・・・・謙譲語　お／ご〜する

例えば、来客に何か質問されて「×それは受付で伺ってください」と答えたり、パーティーへの来場者に「×大きいお荷物はこちらにお預けしてください」と案内したりしてしまったことはありませんか。「伺う」「お預けする」は謙譲語です。相手の動作には尊敬語を使って、「受付でお聞きください」「こちらにお預けくださ い」と言うのが正解です（ステップ2―3参照）。

注意！

「**お預けしてください**」
「**ご利用してください**」

問 四　上司や顧客に対して不適切な箇所を改めましょう。

a　記念品はあちらでいただいてください。
b　こちらでお待ちしてください。
c　ぜひご参加してください。
d　コーヒーはブラックをいただきますか。
e　週末はゴルフをいたしますか。
f　このニュースはもうお聞きしましたか。

解答例　四

a　記念品はあちらでお受け取りください。
b　こちらでお待ちください。
c　ぜひご参加ください。
d　コーヒーはブラックを召し上がりますか。
e　週末はゴルフをなさいますか。
f　このニュースはもうお聞きになりましたか。

次に、可能の表現を見てみましょう。「する」の可能形が「できる」です。したがって、「ご利用できる」は謙譲語「ご利用する」の可能形ということになります。相手の動作には、「利用する」の尊敬語「ご利用になる」を可能形にした「ご利用になれる」、または、「もらう」の謙譲語「いただく」を可能形にした「ご利用いただける」を使うのが適切だとされています。

注意！

×「**ご**利用**できます**」
○「**ご**利用**になれます**」
○「**ご**利用**いただけます**」

ただし、「ご〜できる」はかなり広まり、謙譲語と受けとめる人もさほど多くありません。「する」と「できる」の語形が相当異なっていることも一因でしょう。さまざまな言語変化と同様、「ご〜できる」も、近い将来、認められるかもしれません。

問 五　上司や顧客に対して不適切な箇所を改めましょう。

a　（配達日を質問されて）今日中にお届けになれます。
b　（銀行の窓口で）今月中なら、特別な金利でお預けできます。
c　この列車は回送車です。ご乗車できません。
d　当店では以下のカードがご利用できます。

図 3–7　ご利用になれます

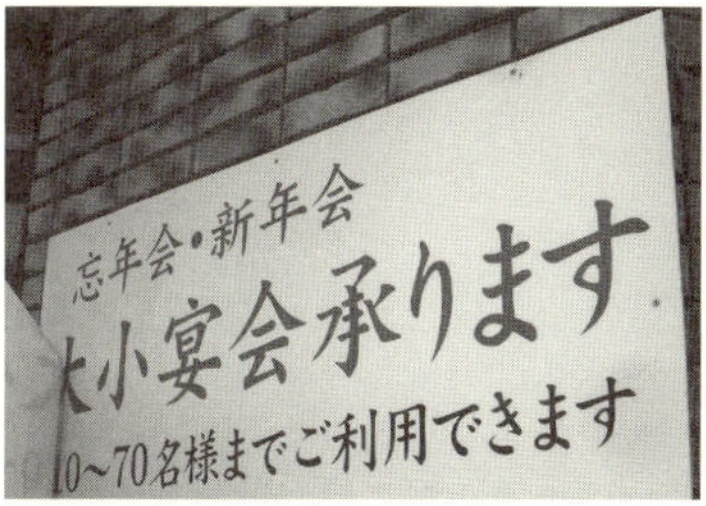

図 3–5　ご利用できます

図 3–6　ご利用できません

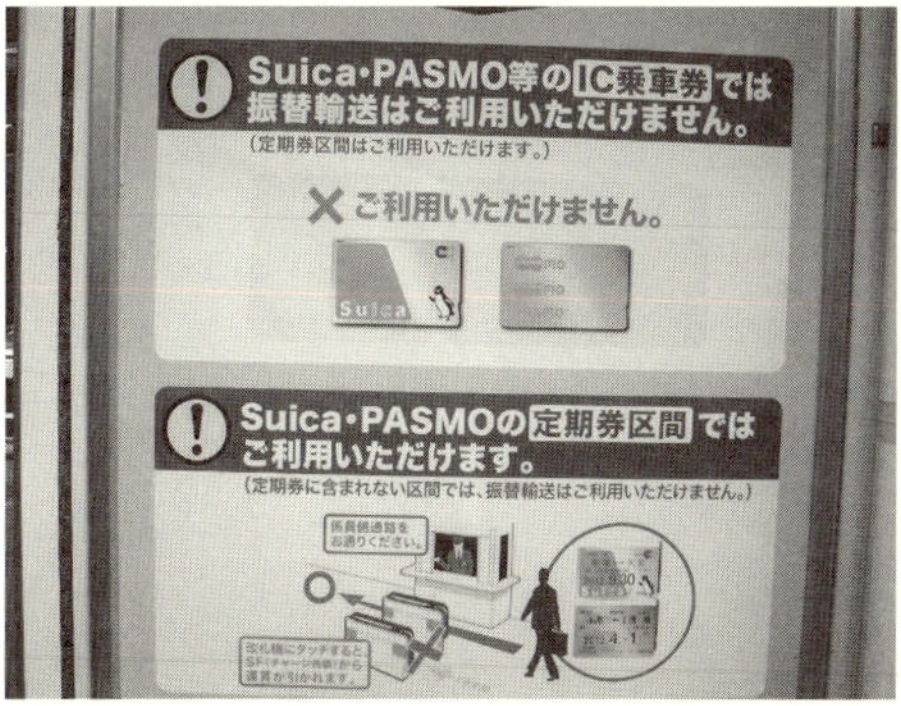

図 3–8　ご利用いただけます

解説 五

aは、話し手の動作ですから謙譲語を使います。b～dは、相手の動作ですから尊敬語を使います。

解答例 五

a 今日中にお届けできます。

b 特別な金利で｛お預けになれます／お預けいただけます｝。

c ご乗車になれません／ご乗車いただけません。

d 当店では以下のカードが｛ご利用になれます／ご利用いただけます｝。

3―5 許可を求める・申し出る

謙譲語を用いた表現を練習しましょう。

まず、「許可を求める」表現です。「謙譲語＋てもよろしいでしょうか」を使うと、「～てもいいですか」より丁寧になります。

◎許可を求める

見てもいいですか
借りてもいいですか
使ってもいいですか

謙譲語＋てもよろしいでしょうか

拝見してもよろしいでしょうか
拝借してもよろしいでしょうか
お借りしてもよろしいでしょうか
使わせていただいてもよろしいでしょうか

問 六　次の発話を、謙譲語を使って言い換えてみましょう。

a　御社に行ってもいいですか。
b　資料をメールで送ってもいいですか。
c　今晩電話してもいいですか。
d　入ってもいいですか。

解答例 六

a　御社に伺ってもよろしいでしょうか。
b　資料をメールでお送りしてもよろしいでしょうか。
c　今晩お電話してもよろしいでしょうか。
d　入らせていただいてもよろしいでしょうか。

次に、「申し出る」表現です。
上司や顧客が重そうな荷物を持っています。何と声をかけたらいいでしょうか。
「持つ」の謙譲語は「お持ちする」です。「お持ちしましょうか」と相手の意向を尋ねてももちろんかまいません。しかし、「お持ちしましょう」「お持ちします」と話し手の意志を表すほうが、相手が申し出を受け入れやすくなります。

◎申し出る

謙譲語＋ます　お持ちします
謙譲語＋ましょう　お持ちしましょう
謙譲語＋ましょうか　お持ちしましょうか

問 七　次の発話を、謙譲語を使って言い換えてみましょう。

a　あとでこっちから連絡しましょうか。
b　荷物を預かりましょうか。

解答例 七

a　のちほどこちらからご連絡します。

ｂ　お荷物をお預かりします。

問　八　次の場面で、どのように言いますか。相手を見つけて、ロール・プレイをしてみましょう。

ａ　子供が発熱したので、早退の許可を上司にもらいたい。

ｂ　先輩が忙しそうに仕事をしている。退社時間になったが、まだまだ終わりそうもない。自分は特に用はないので、手伝いを申し出てみる。

解答例　八　略

解説　八

言葉だけでなく、お辞儀や視線などにも気をつけましょう。ロール・プレイを録画して、効果や印象をペアの相手と話し合ってみるといいでしょう。

コラム３　ウチとソト

家族以外のソトの人に向かって、自分の家族を「お母さん」「お兄さん」などというと、ウチとソトの区別がつけられない幼い子供という印象を与えます。「お」「さん」は尊敬語なので、「母」「兄」が適切です。

会社のウチとソトも同様です。社内では、「社長がこのようにおっしゃっています」と社長を立てます。しかし、会社の外では、社長を立ててはいけません。「田中（社長の名字）がこのように申しております」と言わなければなりません。現在の日本語の敬語には、**ソトに対してウチの人物を立ててはいけない**、というルールがあるのです。このように、同じ人物（例・社長）のことでも相手との関係によって使い方が異なる仕組みの敬語を、**相対敬語**といいます。(8)

韓国語などは、**絶対敬語**です。相手が上司でも恩師でも「お父様が明日いらっしゃいます」のように言います。

(8)　ただし、これはあくまでも全国共通語の使い方です。地域によっては、身内にも尊敬語が使われます。

図 3–9　相対敬語：ウチに対して

図 3–10　相対敬語：ソトに対して

ステップ3　確認クイズ

問 九　次の文章を、尊敬語や謙譲語を使って書き換えましょう。

Xパーク　優待割引券

a　窓口で、本券を提示してください。

b　本券一枚につき、一名の入場料を千円引きます。

c　有効期限切れのものは無効とします。

d　他のサービス券・割引券とは併用できません。

e　小学生以下だけの入場は断ります。保護者同伴で来てください。

問 十　次の発話が適切なら○、不適切なら適切な表現に改めましょう。

a　こちらにお名前をお書きしてください。

b　主賓にはもうお目にかかられましたか。

c　お荷物、重そうですね。お持ちいたしましょう。
d　当店では各種カードがご利用できます。
e　この本は、もう拝読されましたか。
f　それでは、一曲歌わさせていただきます。

解答例　九

X パーク　優待割引券
a　窓口で、本券をご提示ください。
b　本券一枚につき、一名の入場料を千円お引きします。
c　有効期限切れのものは無効と｛いたします／させていただきます｝。
d　他のサービス券・割引券とはご併用になれません。
e　小学生以下だけの入場は｛お断りします／お断りいたします／お断り申し(上げ)ます｝。保護者同伴でお越しください。

解説 九

尊敬語 … a・d・e「お越しください」
謙譲語 … b・c・e「お断りし／お断りいたし／お断り申し（上げ）」

解答例 十

a こちらにお名前をお書きください。
b 主賓にはもうお会いになりましたか。
c ○
d 当店では各種カードが〔ご利用になれます／ご利用いただけます〕。
e この本は、もうお読みになりましたか。
f それでは、一曲歌わせていただきます。

ステップ4
超級コース

ステップ1～3をマスターすれば、敬語は一通り完成です。

しかし、さらに高い山を目指してみたくなった方もいるのではありませんか。

このコースは、そんな険しい敬語の峰への挑戦です。

「丁重語」「美化語」といった、従来の敬語の三分類（尊敬語・謙譲語・丁寧語）にはない新顔も紹介します。

４―１　改まって丁重に

最近は謙譲語を使う人が減っています。謙譲語は自分を下げて相手を立てる敬語なので、複雑で難しく、また、特に若い人の間では仰々しい印象があるのでしょう。ただ、それと同時に、謙譲語を単に丁寧な印象を与えるために使う人が増えています。謙譲語の「自分を下げる」という機能をそのまま使わず、とにかく丁寧に聞こえるよう利用していると言ってもいいでしょう。

このように丁寧語に近づいた謙譲語を、**丁重語**と呼びます[1]。丁重語は、**改まって丁重に**述べるものです。自分や第三者の動作に使い、相手の動作には使いません。

電車が参ります。
日ごとに春めいて参りました。

（1）『敬語の指針』（二〇〇七）では、**「謙譲語Ⅱ（丁重語）」**と呼んでいます。

「参る」は、「行く」「来る」の丁重語です。電車や春を下げているわけでも、移動先に立てるべき相手がいるわけでもありません。

「行く」「来る」の謙譲語の「伺う」と、丁重語の「参る」との違いを比べてみましょう。謙譲語の「伺う」は、移動先の相手を立てます。

○明日、御社に伺います。	○明日、御社に参ります。
×週末は実家へ伺います。	○週末は実家へ参ります。
×電車が伺います。	○電車が参ります。
×だんだん春めいて伺いました。	○だんだん春めいて参りました。

では、次のア・イはどちらが適切でしょうか。

高橋と①{ア 申し上げます / イ 申します}。横浜から②{ア 伺いました / イ 参りました}。

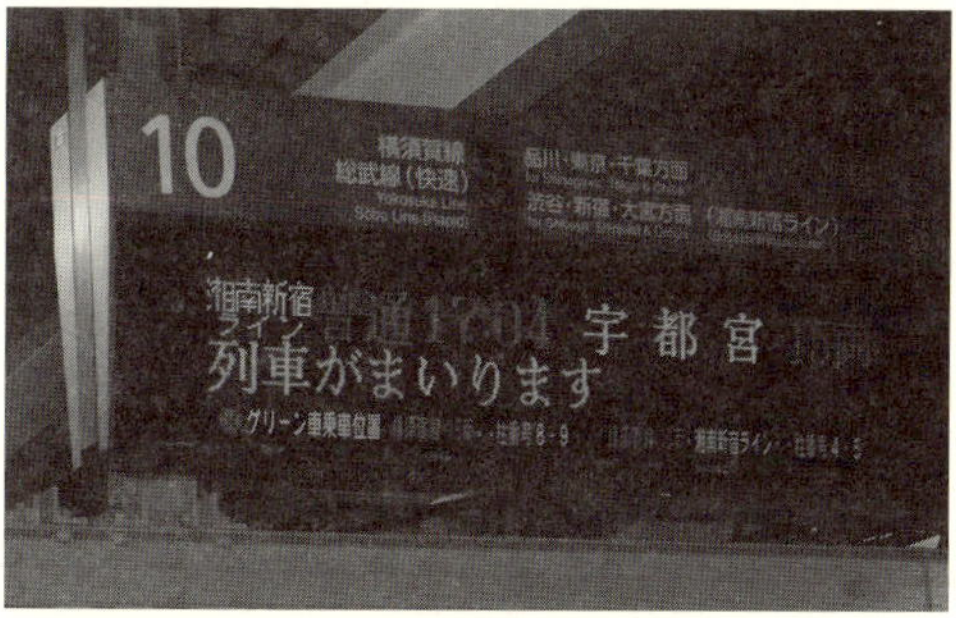

図 4-1　列車がまいります

微力ながら、精一杯頑張りたいと③｛ア 存じ上げます／イ 存じます｝。

①～③のいずれも、アは謙譲語、イは丁重語です。①～③はいずれも、動作の対象として立てる相手は存在しません。したがって、イが適切です。

丁重語として、『敬語の指針』（二〇〇七）は次の五つを挙げています。

◆通常語	◆丁重語
言います	申します
います	おります
行きます・来ます	参ります
思います・知ります	存じます
します	いたします

丁重語には、次のような特徴があります。

A　必ず丁寧体で使われる。（謙譲語は普通体も丁寧体も可）

例　○明日、社長のお宅に参ります。

×（家族や親しい友人に）明日、社長のお宅に参るんだ。（丁重語）

○（家族や親しい友人に）明日、社長のお宅に伺うんだ。（謙譲語）

B　相手側の動作には用いない。（丁寧語は自分側・相手側の制約なし）

例　○明日、御社に当社の担当者が参ります。（自分側の動作）

×明日、御社の社長が当社に参ります。（相手側の動作）

○あ、バスが参りました。（自分側でも相手側でもない）

問　一　適切な表現を選びましょう。

a　「出張だそうですね。どちらへ｛参る　伺う　いらっしゃる｝んですか。」

図4-2　おります・いたします

「シンガポールへ｛参ります　伺います　いらっしゃいます｝。」

b　「休日には何を｛いたします　なさいます｝か。」

「散歩や読書を｛いたします　なさいます｝。」

c　「中田君に、今日十時から会議だと伝えてくれたんだよね。」

「はい、そのように｛申しました　申し上げました｝。」

解答例　一

a　「どちらへ｛参る　伺う　**いらっしゃる**｝んですか。」

「シンガポールへ｛**参ります**　伺います　いらっしゃいます｝。」

b　「休日には何を｛いたします　**なさいます**｝か。」

「散歩や読書を｛**いたします**　なさいます｝。」

c　「はい、そのように｛**申しました**　申し上げました｝。」

解説 一

a　相手の動作には尊敬語の「いらっしゃる」が適切です。出張先のシンガポールに相手がいるわけではありませんから、謙譲語の「伺います」ではなく、丁重語の「参ります」を使います。

b　相手の動作には尊敬語の「なさる」が適切です。散歩や読書は相手にかかわらない自分の動作ですので、丁重語の「いたします」を使います。

c　謙譲語の「申し上げる」を使うと、中田君を立てることになります。この場合は、丁重語の「申しました」が適切です。

謙譲語・丁重語・丁寧語の違いをまとめたものが、次頁の表4―1です。

丁重語は、現在、謙譲語からの変化の途中です。謙譲語と丁重語の違いは微妙で、明確な境界線は引けません。わかりにくいのは当然なのです。

従来、敬語は尊敬語・謙譲語・丁寧語の三種類に分類されてきました。「電車が参ります」の「参る」は、謙譲語本来の使い方からはずれた誤用であると言われてきました。

しかし、『敬語の指針』(二〇〇七)では「謙譲語Ⅱ(丁重語)」を新しく立てて正用であると認定しました。

また、丁寧語から美化語(ステップ4―2)を独立させ、尊敬語・謙譲語Ⅰ・謙譲語Ⅱ(丁重語)・丁寧語・美化語という五分類を新たに提案しました。

学問的には、新しい五分類のほうが正確で厳密です。しかし、一般の人たちにとっては、より複雑になったというのが正直な感想ではないでしょう

表4–1　謙譲語・丁重語・丁寧語

	『敬語の指針』	代表的語形	使用条件／機能
謙譲語	謙譲語Ⅰ	伺う・申し上げる・お〜する	自分の動作に使う／相手を立てる
丁重語	謙譲語Ⅱ（丁重語）	参る・申す	自分または第三者の動作にマスとともに使う／改まって丁重に述べ、相手や場面への配慮を表す
丁寧語	丁寧語	です・ます	使用の制約なし／丁寧に述べ、相手や場面への配慮を表す

か。

大切なのは、分類ではありません。それぞれの語の使い方を把握することです。丁重語に注意しながら、改まった場でのスピーチなどに耳をすませてみましょう。その積み重ねが何より大切です。

4―2 「お」と「ご」

敬語の形は、動詞が最も複雑ですので、ここまでの練習も動詞を中心にしてきました。4―2では、名詞・形容詞[2]・形容動詞[3]の敬語を練習します。こ

表 4-2 敬語の 3 分類と 5 分類

従来の分類	『敬語の指針』	機能	例
尊敬語	尊敬語	行為者を立てる	おっしゃる・なさる・お／ご〜になる
謙譲語	謙譲語Ⅰ	行為の向かう先の人物を立てる	伺う・申し上げる お／ご〜する
	謙譲語Ⅱ(丁重語)	丁重に述べる	参る・申す
丁寧語	丁寧語	丁寧に述べる	です・ます
	美化語	表現を美しくする	お／ご

(2) 「美しい声」「広い部屋」のように、名詞に連なる形が「〜い」になる語。

(3) 「立派な家」「元気な人」のように、名詞に連なる形が「〜な」になる語。

れは、「お／ご」をつければ十分ですので、簡単です。

まず、「お」と「ご」の使い分けを確認しましょう。

問 二　次の語には、「お」と「ご」のどちらをつけますか。

a 名前　b 手紙　c 酒　d 車　e 話　f 美しい
g 住所　h 家族　i 本　j 講演　k 連絡　l 立派
m 電話　n 料理　o 洋服　p リボン　q ビール　r 元気

「お」と「ご」は、原則として、和語・漢語・外来語という語種によって使い分けます。

「お酒」「お名前」のように、**和語**（＝やまとことば。ひらがなまたは漢字の訓読みで表される言葉）には**「お」**をつけます。「ご住所」「ご家族」のように、**漢語**（＝漢字の音読みで表される言葉）には**「ご」**をつけます。カタカナで表される外来語には「お」「ご」ともに使いません。

お＋和語 例 お名前 お若い
ご＋漢語 例 ご著書 ご丁寧な
外来語には「お」「ご」はつかない

しかし、この原則には例外もかなりあります。「電話」「元気」などは漢語ですが、「お」がつきます。もとは漢語でも、日常的によく使う言葉は和語化して、「お」がつくようになるのです。外来語の「リボン」や「ビール」も「お」がつくことがあります(4)。言葉の使い方は、規則で決められるものではなく、私たちの実際の使い方で決まっていくものなのです。

解答例 二

「お」 a b c d e f m n o p q r
「ご」 g h i j k l

---

(4) 「ご」がつく和語は「ゆっくり」「もっとも」などごく少数です。

「お／ご」は万能の敬語です。相手に使えば尊敬語、自分に使えば謙譲語として機能します。

a　お電話／ご連絡ありがとうございました。
b　またあらためてお電話／ご連絡いたします。

aの場合は、相手からの電話／連絡ですので、「お／ご」は尊敬語です。bの場合は、自分から相手への電話／連絡ですので、「お／ご」は謙譲語です。

c　この店は、お肉とお魚と、どちらもおいしいです。
d　時間のあるときは、喫茶店でお茶を飲んだり、図書館でご本を読んだりしています。

cやdは、言葉を美しく表現する**美化語**です。相手を立てたり配慮を示したりするよりむしろ、話し手が自分の教養や品格を示す働きをします。

問 三 次の発話を、「お」「ご」を使って言い換えてみましょう。

a 先生、著書が大好評だそうですね。
b お客様、いつも若くてきれいですね。
c それでは、幹事の宮田より、開会の挨拶を申し上げます。
d 皆様に迷惑をおかけして、申し訳ありませんでした。
e 留守中、毎日、花に水をやってくださいね。
f 野菜が不足しないように、毎日ジュースを飲んでいます。

解答例 三

a 先生、ご著書が大好評だそうですね。
b お客様、いつもお若くておきれいですね。
c それでは、幹事の宮田より、開会のご挨拶を申し上げます。
d 皆様にご迷惑をおかけして、申し訳ありませんでした。
e 留守中、毎日、お花にお水をあげてくださいね。
f お野菜が不足しないように、毎日ジュースをいただいています。

解説 三

「お」「ご」は、a・bは尊敬語、c・dは謙譲語、e・fは美化語です。

なお、e「あげる」は「やる」の、f「いただく」は「食べる・飲む」の美化語です。「やる」「食べる・飲む」の価値が擦り減り、より丁寧で上品な言葉が使われるようになったものです（コラム2「敬意低減の法則」参照）。

なお、名詞・形容詞・形容動詞が文末で述語になる場合、尊敬語は次のような形になります。

◎名詞・形容動詞＋でいらっしゃる

ご子息はお医者様でいらっしゃるそうですね。

人命救助で表彰されたとのこと、ご立派でいらっしゃいますね。

◎形容詞＋くていらっしゃる

奥様、いつもお若くていらっしゃいますね。

表 4–3 名詞・形容詞・形容動詞の敬語の形

	尊敬語	謙譲語（謙譲語Ⅰ）	美化語
名詞	（相手からの） お手紙・ご連絡 学者でいらっしゃる	（相手への） お手紙・ご連絡	お酒・ご本
形容動詞	お元気・ご立派 （ご）立派でいらっしゃる		
形容詞	お美しい （お）若くていらっしゃる		

名詞・形容詞・形容動詞の敬語の形をまとめたものが表4―3です。

問 四　次の文を、「お」「ご」「いらっしゃる」などを用いて言い換えましょう。

a　講演を拝聴できて光栄です。
b　社長への報告はまだです。
c　忙しい中、ありがとうございます。
d　奥さまは代議士だそうですね。

解答例 四

a　ご講演を拝聴できて光栄です。
b　社長へのご報告はまだです。
c　お忙しい中、ありがとうございます。
d　奥さまは代議士でいらっしゃるそう

ですね。

解説 四

a・c・dは尊敬語、bは謙譲語です。

なお、「動詞＋やすい／にくい」(例・使いやすい／わかりにくい)の尊敬語として、「お＋動詞＋やすい／にくい」(例・お使いやすい／おわかりにくい)がよく使われています。これは、「お若い」「お忙しい」といった「お＋形容詞」にならった形ですが、不適切であり、「動詞の尊敬語＋やすい／にくい」(例・お使いになりやすい／おわかりになりにくい)が適切であるとされています。

問 五　敬語の使い方として不適切な箇所を、適切な表現に変えましょう。動詞以外の部分も、尊敬語を用いた文にふさわしい形にしてみましょう。

a　お求めやすい価格です。

b　おわかりにくいことがありましたら、いつでもお問い合わせください。

c 誰でもご加入しやすくなっています。
d ご利用しにくい点は従業員までお知らせください。

解答例 五

a お求めになりやすい価格です。
b おわかりになりにくいことがありましたら、いつでもお問い合わせください。
c どなたでも｛ご加入になりやすく／加入なさりやすく／加入されやすく｝なっています。
d ｛ご利用になりにくい／利用なさりにくい／利用されにくい｝点は従業員までお知らせください。

解説 五

解答例五は、たしかに正用とされている表現ですが、実態にそぐわないという感じは否定できません。特に、a「お求めやすい」は「お買い求めになりやすい」「お安い」の意で広く用いられています。慣用として認められる日も遠くないかもしれません。

4—3 「ございます」

「ございます」は、丁寧語の一つです。「です・ます」より丁寧度が高く、「ございます」を使う文体（スタイル）は「特別丁寧体」と呼ばれます。

「ございます」の使い方は、表4—4の通りです。いずれもヨソユキで堅苦しく、特に「形容詞＋ございます」は古めかしい印象です。現在では主に「おはようございます」「おめでとうございます」「ありがとうございます」のような定型の挨拶表現に使われます。歴史的に新しい「形容詞＋です」は、違和感を持つ人もいますが、徐々に定着しています。

表 4-4 「ございます」の使い方

特別丁寧体	丁寧体
名詞・形容動詞＋でございます 本日は日曜でございます。 ここは漁業が盛んでございます。	名詞・形容動詞＋です 本日は日曜です。 ここは漁業が盛んです。
動詞「ございます」 お手洗いはあちらにございます。 明日は定例会議がございます。	動詞「あります」 お手洗いはあちらにあります。 明日は定例会議があります。
形容詞連用形ウ音便(5)＋ございます ありがとうございます。 うれしゅうございます。 暑うございます。 重うございます。	形容詞＋です ありがたいです。 うれしいです。 暑いです。 重いです。

問 六　次の発話を、特別丁寧体にしましょう。

a　もしもし、カモメ銀行です。

---

(5) 「〜くございます」から発音しやすいよう「く」が「う」に変わりました。これをウ音便といいます。さらに「母音＋ウ」が長音化して、現在の発音になりました。

・aく→au→ô　アリガタク→アリガタウ → アリガトー

・iく→iu→yû　ウレシク→ウレシウ→ウレシュウ

・uく→uu→û　アツク→アツウ→アツー

・oく→ou→ô　オモク→オモウ→オモー

b　パーティーはにぎやかでした。
c　これまでの資料は机上のファイルにあります。
d　お目にかかれて、うれしいです。
e　大変おいしかったです。

解答例　六

a　もしもし、カモメ銀行でございます。
b　パーティーはにぎやかでございました。
c　これまでの資料は机上のファイルにございます。
d　お目にかかれて、うれしゅうございます。
e　大変おいしゅうございました。

問　七　定型表現「おはようございます」「おめでとうございます」の成り立ちを説明しましょう。

解答例　七

「おはようございます」は、形容詞「早い」に「お」と「ございます」をつけた「お早くございます」が、発音の変化により現在の形になったものである。朝の挨拶として用いられている。

「おめでとうございます」も、形容詞「めでたい」に「お」と「ございます」をつけた「おめでたくございます」が、発音の変化により現在の形になったものである。祝意を表す定型表現として用いられている。

＊＊＊

「ございます」は丁寧語ですので、原則として、自分側・相手側・第三者、いずれも制約なく使えます。ただし、相手側のことを述べるときには、尊敬語のほうが適切です。

○田中様でいらっしゃいますか　?田中様でございますか

○お元気でいらっしゃいますか　?お元気でございますか

また、目上の相手からほめられたときなど、**「とんでもありません／とんでもございません」**という表現がよく使われています。[6] これらは誤用だとする論もありますが、[7] 現在は慣用として定着しているようです。

また、相手のほめを否定するより、「ありがとうございます」など謝礼とともに受けいれるほうがいい、という意見もあります。

4―4　誤解を防ごう

誤解されるおそれのある表現は使わないようにしましょう。

尊敬語のつもりで謙譲語を相手の動作に使ってしまうと、相手に不快感を与えますので、十分注意する必要があります。3―4では、「ご利用してください」「ご利用できます」などを取り上げました。4―4では、より紛らわしく、専門家の

(6)『敬語の指針』(二〇〇七、四十七頁)は「問題がない」(四十七頁)と認めています。文化庁『国語に関する世論調査』(二〇一三)でも約六十%が「気にならない」と回答しています。

(7) 誤用派の主張は、「とんでもない」は「はかない」「もったいない」「つまらない」などと同様に一語の形容詞なので、「ない」の部分を切り離してそこだけ丁寧語にするのではなく、「とんでもない(こと)です」「とんでものうございます」と表現するべきだ、というものです。

間でも議論が分かれる表現を見ていきます。

？お／ご〜される

例　お答えされる　ご利用される

規範的立場は、「お／ご〜する」が謙譲語なので、「する」を尊敬語「される」にしても全体として尊敬語にはならない、したがって誤用である、としています(8)（ステップ2―2参照）。私見では、「する」を尊敬語「なさる」にした「お／ご〜なさる」は尊敬語として認められているので、「お／ご〜される」を誤用とする論は整合性がとれないと考えます。しかし、相手が謙譲語と受けとめ不快に思うおそれがある以上、使わないに越したことはありません。

注意！

○ご＋漢語動詞の語幹＋になる　例　ご乗車になる　ご利用になる
○漢語動詞の語幹＋なさる　例　乗車なさる　利用なさる
○ご＋漢語動詞の語幹＋なさる　例　ご乗車なさる　ご利用なさる
○漢語動詞の語幹＋される　例　乗車される　利用される

（8）『敬語の指針』（二〇〇七、二十五頁）に「適切な形ではない」とあり、文化庁『国語に関する世論調査』（二〇一三）でも約四割が「気になる」と回答しています。

？ご＋漢語動詞の語幹＋される　例　ご乗車される　ご利用される

？申される

江戸時代には荘重な語感の尊敬語として使われ、現在も国会などでは引き継がれているため、誤用ではない、という主張もあります。しかし、「申す」は謙譲語なので尊敬語「れる」をつけても全体として尊敬語にはならない、したがって誤用である、とするのが規範的立場です。「申される」より「おっしゃる」を使いましょう。

？おられる

規範的立場は、「おる」は謙譲語なので尊敬語「れる」をつけても全体として尊敬語にはならない、したがって誤用である、としています。「おられる」が尊敬語として使われていた歴史もありません。

しかし、「おる」を謙譲語としてとらえるかどうかは、**地域差・個人差**が大きいようです。特に**西日本**では、「おる」を東日本の「いる」の意で使い、尊敬語としても「れる／られる」が多用されるので、「おられる」も尊敬語として問題なく機能しています。「いらっしゃる」は仰々しい響きがあるようです。

?「申し〜」

「申す」「参る」が謙譲語に由来することから、次のような表現を誤用ではないかとする声があります。

希望者は今月中にお申し込みください。

該当者は受付にお申し出ください。

何でもお気軽にお申しつけください。

環境保護のため、マイバッグをご持参ください。

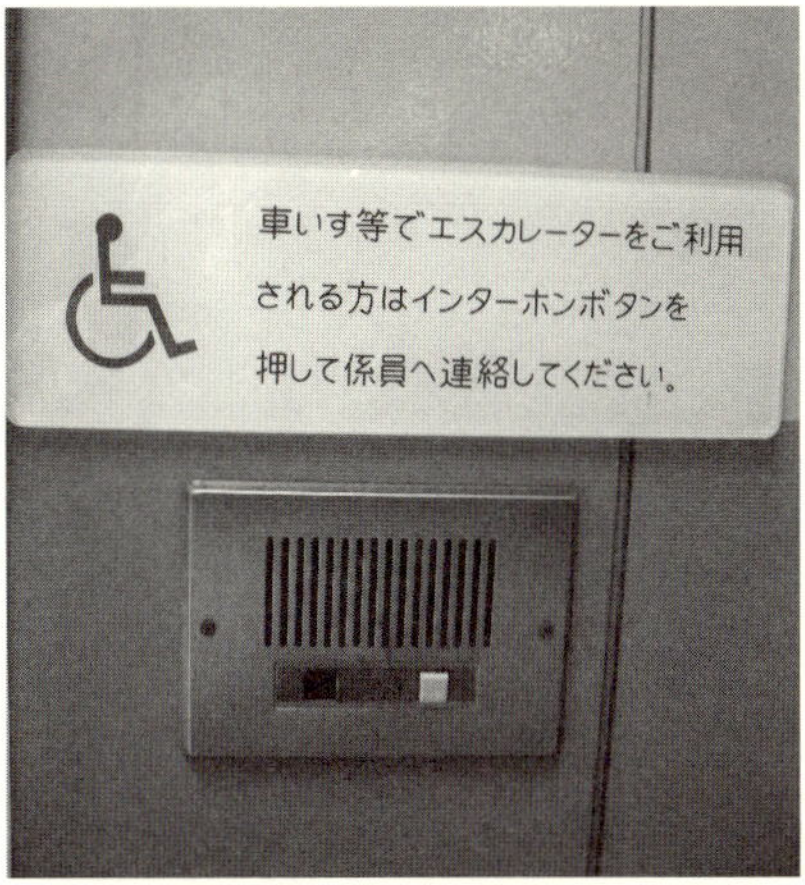

図 4–3　ご利用される

「申し込む」「申し出る」「申しつ

ける」は、全体で一つの動詞です。「申し」の部分は現在では謙譲語の性質を持っていません。「持参する」に含まれる「参る」も同様です。したがって、これらは相手の動作に使っても問題のない表現です。(9) しかし、無用な誤解を避けるためにも、例えば次のように言い換えてみてはどうでしょうか。

希望者は今月中に{おっしゃってください／ご連絡ください}。

該当者は受付に{お越しください／ご連絡ください}。

何でもお気軽に{おっしゃってください／ご用命ください}。

環境保護のため、マイバッグを{お持ちください／ご用意ください}。

★受けとめ方に個人差のある表現は、誤解を避けるため、**使わないほうが無難**です。

★受けとめ方に個人差のある表現は少なくありません。自分にとって不快な表現を使う人がいても、その人に悪意がある、敬語の知識・教養がない、などと決めつけるのは危険です。**自分の言葉には注意深く、相手の言葉には寛大であること**が、円滑な人間関係のコツではないでしょうか。

---

(9) ただし、「申し遅れる」「申し添える」などは「言い遅れる」「言い添える」などの謙譲語ですので、相手の動作には使えません。

コラム４　配慮表現　～広義の敬語～

ステップ1～4で見てきたような敬語は、**狭義の敬語**（狭い意味での敬語）と呼ばれます。しかし、実際のコミュニケーションでは、狭義の敬語以外にも、さまざまな表現で配慮を示します。

ａ　本日、午後四時に帰らせていただきます。
ｂ　申し訳ありません。やむを得ない事情がありまして、今日、午後四時で早退したいのですが…。

ａとｂ、どちらのほうが丁寧と感じますか？

ａ・ｂともに「です・ます」の丁寧体ですが、それに加え、ａは「～（さ）せていただく」という謙譲語を使っています。にもかかわらず、ａは尊大で高圧的な印象です。自分の都合だけを述べ立てていて、配慮が感じられません。これに対して、bは、【謝罪】【理由】を【前置き】として述べ、言い切らず、【判断・決定を相手に委ねる】疑問文にしています。このように、狭義の敬語にとらわれず、広い意味で配慮を表す表現を、**「広義の敬語」「敬意表現」「配慮表現」**などといいます。最近は、狭義の敬語との相違をより明確に示せるため、「配慮表現」がよく使われています。

「配慮表現」は世界のどの言語にもあります。日本語のような専用の敬語システムを持たない言語はありますが、配慮表現のない言語はありません。一方、狭義の敬語は、配慮を表すときもそれ以外のときもあります。狭義の敬語だけにとらわれるより配慮表現全体に目を向けるほうが、円滑なコミュニケーションに役立つに違いありません。

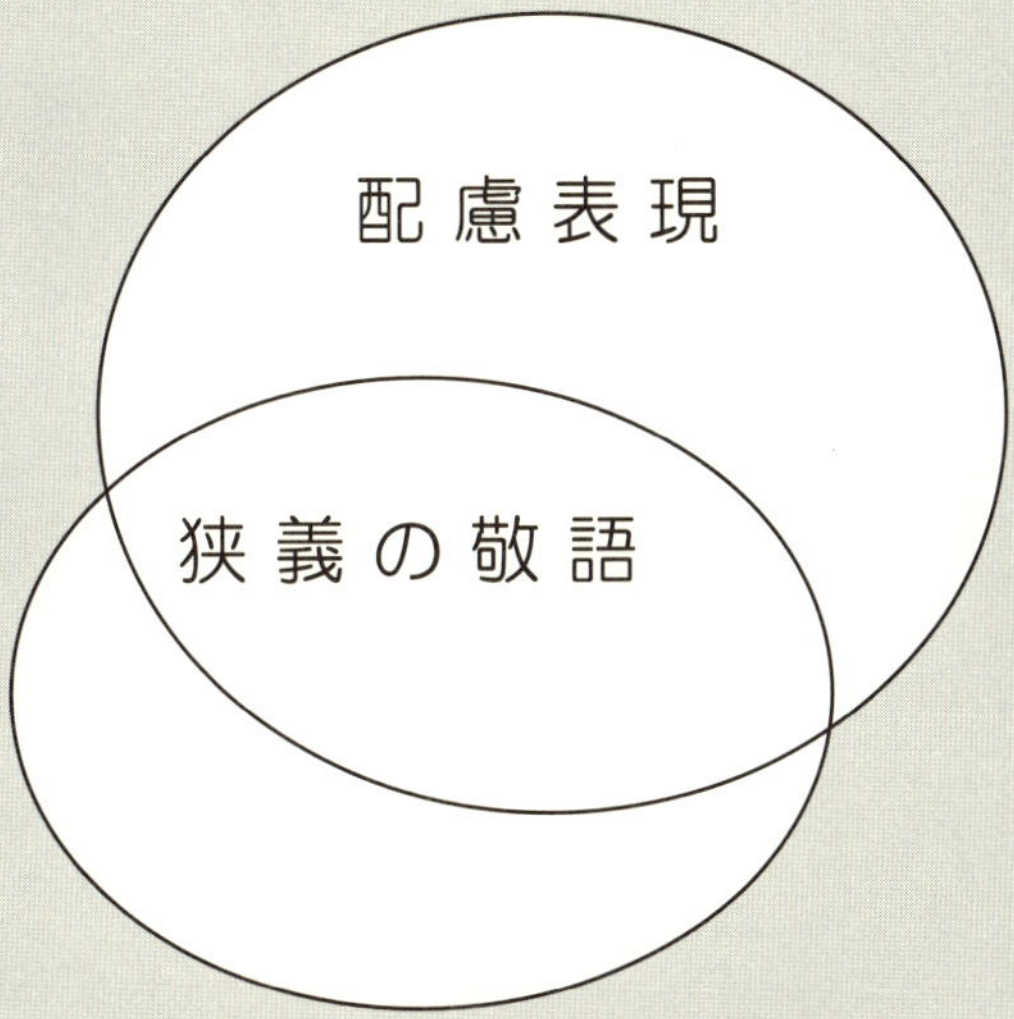

図 4–4　配慮表現と狭義の敬語

ステップ4　確認クイズ

問 八　次の山田さんの発話を、適切な敬語を使って言い換えましょう。

山田「はじめまして。山田といいます。カモメ銀行に勤めています。」
小川「はじめまして。小川です。どうぞよろしく。」
山田「小川さんはどこに勤めていますか。」
小川「ペンギン商事です。」
山田「じゃあ、村上さんを知っていますか。以前、タイでのプロジェクトで大変お世話になったんです。」
小川「はい、明日も会議で顔をあわせる予定です。」
山田「そうですか。どうぞよろしく伝えてください。」

問 九　次のメールの（　　　　　）の語を、尊敬語や謙譲語を用いて適切な表現にしましょう。

確認クイズ

宛先：ogawa@penguin.xxxx.co.jp
CC：murakami@penguin.xxxx.co.jp(10)
BCC：
件名：プロジェクトのご相談（カモメ銀行・山田）(11)
添付：

・・・・・・・・・・・・・・・・・・・・・・・・・・・・・・

ペンギン商事　小川様　（CC：村上様）

カモメ銀行の山田です。
先日はありがとうございました。(12)

ところで、次のプロジェクトについて、
今週中に小川様に（a 会って）
（b 相談したい）のですが、
いつ（c 行ったら）よろしいでしょうか。
ご都合の良い日時を（d 知らせてください）。
お返事を（e 待っています）。
どうぞよろしくお願いします。

山田カズオ
カモメ銀行海外融資部
k-yamada@kamome.zzzz.or.jp

(10) 第三者のメールアドレスの扱いには十分注意しましょう。確かな場合以外はCCではなく、それぞれの相手に別々に出すか、宛先を自分にして相手のアドレスはBCCに入れる、などの配慮をしましょう。

(11) 件名は明確に書きましょう。初めてメールを出す相手には、件名にも自分の名前を入れましょう。

(12) 挨拶は、このほかに、「お世話になっております」がよく使われます。手短にすませ、すぐ本題に入ります。

宛先：k-yamada@kamome.zzzz.or.jp
CC：murakami@penguin.xxxx.co.jp
BCC：
件名：RE: プロジェクトのご相談（ペンギン商事・小川）(13)
添付：カモメ・ペンギン打合せメモ.pdf

・・・・・・・・・・・・・・・・・・・・・・・・・・・・・・・・・・・・

カモメ銀行　山田様　(CC：ペンギン商事　村上)

ペンギン商事の小川です。
先日はこちらこそありがとうございました。

＞ところで、次のプロジェクトについて、(14)
＞今週中に

大変申し訳ありませんが、
今週中は難しい状況です。
来週水曜の昼前後は（f どうですか）。
弊社の近くにおいしいランチの店が（g あります）。
村上もぜひご一緒したいと（h 言っています）。

相談事項のメモを添付しました。(15)
（i 確認してください）
どうぞよろしくお願いします。

小川太郎
ペンギン商事海外プロジェクト部
ogawa@penguin.xxxx.co.jp

---

(13) 件名に相手の名前が入ったメールに返信する際には、そのままでは相手の名前が呼び捨てで残ってしまいます。自分の名前に変えたり、新しい件名をつけ直したりしましょう。
(14) 相手のメールの引用は必要な部分だけにします。
(15) 添付をする際は、本文にも必ず明記します。

問十　次の会話を、さらに丁寧度の高い表現を使って言い換えましょう。

A1「カモメ銀行です。」

B1「お世話になっています。私、明日御社に行く予定の、ペンギン商事の山田ですが。」

A2「山田様ですね。小川から聞いています。明日、待っています。」

B2「それが、実は、明日は都合が悪くなってしまいまして。明後日の同じ時刻に変更したいのですが。」

A3「わかりました。小川に伝えます。では明後日、一時に待っています。」

B3「ありがとうございます。よろしくお願いします。」

問十一　不適切な箇所を改めましょう。

a　山田先生のお宅でいらっしゃいますか。

b　夜分に申し訳ございません。山田先生はおられますか。

c　ご家族の皆様にもくれぐれもよろしく申されてください。

解答例 八

山田「はじめまして。山田と申します。カモメ銀行に勤めております。」
小川「はじめまして。小川です。どうぞよろしく。」
山田「小川さんはどちらに{勤めていらっしゃいますか／お勤めですか}(16)。」
小川「ペンギン商事です。」
山田「それでは、村上さんをご存じですか。以前、タイでのプロジェクトで大変お世話になったんです。」
小川「はい、明日も会議で顔を合わせる予定です。」
山田「そうですか。どうぞよろしくお伝えください。」

解答例 九

a お目にかかって
b ご相談したい
c 伺ったら／伺えば

---

(16) 「〜ている」の尊敬語として**「お／ご〜だ」**という形があります。例「どちらにお住まいですか＝どちらに住んでいらっしゃいますか↑どこに住んでいますか」

d　お知らせください

e　お待ちしております

f　いかがでしょうか

g　ございます

h　申しております

i　ご確認ください

解答例 ＋

A1　「カモメ銀行でございます。」

B1　「お世話になっております。私、明日御社に伺う予定の、ペンギン商事の山田でございますが。」

A2　「山田様でいらっしゃいますね。小川から承っております。明日、お待ちしております。」

B2　「それが、実は、明日は都合が悪くなってしまいまして。明後日の同じ時刻に{変更させていただきたい／変更をお願いしたい}のですが。」

Ａ３「承知しました。小川に申し伝えます。では明後日、一時にお待ちしております。」

Ｂ３「ありがとうございます。よろしくお願いいたします。」

解答例　十一

ａ　山田先生のお宅でございますか。

ｂ　夜分に申し訳ございません。(17)山田先生はいらっしゃいますか。

ｃ　ご家族の皆様にもくれぐれもよろしくお伝えください。

---

(17)「申し訳」は、「申し訳が立たない」のように単独で使われます。「申し訳ない」は「申し訳」と「ない」の二語です。したがって、「ない」の部分を丁寧語にした「申し訳〔ありません／ございません〕」は問題のない表現です。

ステップ5
発展コース

ついに最後のステップです。

ここでは、敬語とその周辺を楽しみながら観察していきましょう。

敬語のほかにも、配慮表現にはさまざまな方法があります。

日本と世界の諸地域の配慮表現にまつわる異同も考えてみましょう。

５—１　相手を立てる＆親しさを表す

●「先生、もうメシ食われましたか？」

大学生のこのような発話が話題になっています。この学生は、先生への言葉遣いも知らない、嘆かわしい若者なのでしょうか？　いいえ、そう決めつけるのは早計です。この学生の発話は、どのような配慮を表そうとしているのか考えてみましょう。

「先生」は敬称、「れ」は尊敬語の「れる」、「まし」は丁寧語の「ます」です。学生は、先生を立てる敬語をきちんと使っています。

一方、「メシ」「食う」は親しい友人どうしのくだけた言葉です。質問の内容も相手の領域に踏み込んだもので、厚かましく馴れ馴れしい感じがします。

そうです、この発話は、**相手を立てつつ親しさも表す**、というダブルの機能を果たしているのです。

伝統的な丁寧さの要件は、近づき過ぎず**距離**を置くことでした。そのため、敬語を使ったり、相手の領域に踏み込む発話をタブーとしたりしてきました。

しかし、現在は若い世代を中心に**「親しさを表す」ことも相手への大切な配慮**と考える人が増えています。距離を置いたよそよそしい言葉遣いはかえって失礼になるのです。親しさの表現は相手との距離を縮めますので、敬語とは全く逆方向です。

相手を立てつつ親しさも表す、このジレンマを解決する方略として編み出されたのが、くだけた言葉と敬語を混用したり、丁寧な言葉で相手の領域に踏み込んだりする発話なのです。

●「課長、お疲れ様でした。さっきの発言、よかったですよ」

伝統的な考え方では、**「ほめる」**(1)**「ねぎらう」**といった言語行動は上位者が下位者に行うものでした（ステップ1―4参照）。しかし、現在は仲間意識や連帯感の表現として上下の別なく使われる例が増えています。

（1）文化庁『国語に関する世論調査』（一九九六）では、「先生は講義がお上手ですね」という表現を約七十％が「気にならない」と回答しています。また、滝浦真人『日本語は親しさを伝えられるか』には、プロの料理人に対する「麻婆豆腐がお上手な陳建一さんに教わりたいと思って応募しました」という視聴者の言葉が紹介されています。

●「暑いっすね」「いいっすか」「ちわっす」

体育会系の男子学生を中心に、「です」の代わりの「**〜っす**」が広まっています。これも、「です」による丁寧さと、それをくずした親しさを同時に表そうとしたものです。

●普通体と丁寧体の巧みなシフト

次の会話を見てみましょう。(2)

A1　この間はどうもありがとうございました。
2　あれ、すごーく、きれい。
B3　そうでしょ。
A4　色もいいし。
5　あれ、全部始めからでしょ。
B6　そう。
A7　もっといっぱい欲しいなあ。
B8　そら、よかった。

(2)　鈴木睦「日本語教育における丁寧体世界と普通体世界」より。傍線引用者。

Ａ９　自分で買いたいんですけど、普通に売ってますか？

ＡとＢはともに女性で、立場も年齢もＢのほうがＡより上です。Ｂの発話は普通体ですが、Ａの発話は丁寧体と普通体が混在しています。しかし、決して無秩序ではありません。２・４・７のようにＡ自身の感想や希望を述べる部分は普通体ですが、１の謝辞や、５・９のようにＢに向けた質問では丁寧体を使っています。

梶原しげる『すべらない敬語』も同様に、好感度の高い若手タレントが目上の相手との対話で、自分の感想は「それマジ？」「ゲー」「ありえねー」「やべー」「いいなぁ」などと言いつつ、相手に向けた発話は「すいません。それって、○○なんですか？」と丁寧語を用いているさまを紹介し、

彼らは必ずしも「正しい敬語」の使い手ではなくても、「敬語の達人」である

という見方を示しています。

5—2 世界の配慮表現

A 距離を置いて相手を立てる、B 近づいて親しさを表す、この二種類の配慮は世界のどの言語にも普遍的に見られます。(3)

A 距離を置いて相手を立てる配慮表現

●敬意を表す…敬語を使う・敬称を使う

「先生、今度の結果をどのようにご覧になりますか?」

●断定を避ける・質問して決定権を相手に委ねる

「これ、ちょっとお借りできると助かるんですが…」

「これ、借りてもいいかな?」

●曖昧にする

「事務用品の仕入れ先とか、もう決まってたりしますか?」

(3) A はネガティブ・ポライトネス、B はポジティブ・ポライトネスと呼ばれます。「ポライトネス」は丁寧さという意味ですが、日本語の「丁寧さ」はネガティブ・ポライトネスに該当するため、ポジティブ・ポライトネスの位置づけがわかりにくくなってしまいます。そこで、あえて日本語に訳さず、カタカナ語のまま用いるのが慣例になっています。

「そうですねえ、えー、ちょっと、もう決まっちゃったみたいなんですよ。」

●謝罪する

「ごめん、教科書忘れちゃった、見せてくれる？」

「申し訳ありません、当店はご予約のお客様のみとなっております。」

●相手の負担を小さくする

「ちょっとお願いがあるんだけど…」

「少々お待ちください」

●否定的に述べる・悲観する

「三時までにお願いできませんか？」

「明日歓送迎会あるんだけど、忙しいから無理だよね？」

●間接化する

「その棚、届く？」

直接「その棚にある箱を取ってくれ」と言うのではなく前提となる能力を尋ねることで、間接的な依頼になります。(4)

●一般化する

「ここは、禁煙になっています。」

(4)　英語のCan you ~?・中国語の「能不能~?」も文字通りの意味は「~できるか」ですが、間接的な依頼表現として機能しています。

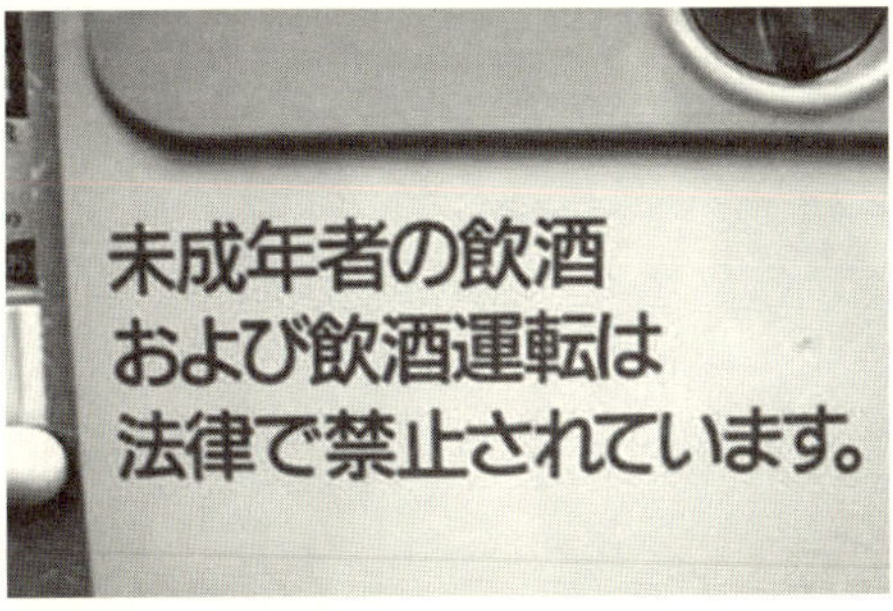

図 5-1　一般化する

表5–1　2種類の二人称単数代名詞

	親称T	敬称V（由来）
ラテン語	tu	vos（2人称複数）
フランス語	tu	vous（2人称複数）
イタリア語	tu	Lei（3人称単数）
ドイツ語	du	Sie（3人称複数）
英語	thou	you（2人称複数）
ギリシア語	esu	esis（2人称複数）

●時制・人称などをずらして距離を置く

「具合が悪いんだったら、病院に行ったほうがいいよ[5]。」

「ご注文は以上でよろしかったでしょうか。」

「今度の打ち上げ、部長もいらしていただけますか？」

日本語では目上の相手を指す場合、「あなた」などの二人称代名詞ではなく「先生」「社長」などの役職名を使い、三人称として扱います（ステップ1—4参照）。

同様に、二人称単数の代名詞に敬称Vと親称Tの二種類がある言語では、敬称Vは三人称や複数の名詞・代名詞が転用されています（表5—1）[6]。人称や数をずらすことで距離を置き、丁寧さを表しているのです。

(5)　英語でもWould you ～?・Could you ～?など過去形を使うことで距離を置いた丁寧さを表します。

(6)　敬称Vは距離のある相手（上位者や疎遠な人）、親称Tは距離の近い相手（同等や親しい人）に用いる二人称単数代名詞です。TとVの略称はラテン語に由来します。現代英語ではthouは使われなくなっていますが、シェイクスピア（十六～十七世紀）の作品には使われています。

B 近づいて親しさを表す配慮表現

●仲間であることを示す
タメ語を使う
方言を使う
仲間内の言葉を用いる

●共感・共通性を示す
「暑いね」

「電車でクーラーが寒過ぎること{ありますよね／あるじゃないですか}。」

●協力・共同性を示す
（教師が学生に）「来週は試験ですから、頑張りましょう。」

●相手に興味・関心を示す
「あ、髪型変わった？　どこの美容院行ってるの？」

●賞賛する
「もう今週のノルマ達成？　すご〜い！」

「いつも素敵なお召し物ですね。」

図 5-2　仲間内の言葉を使う
右は IPA 独立行政法人・情報処理推進機構
「パスワード——もっとキミを守りたい」キャンペーンのポスターより。

●楽観視する

（試験に落ちてがっかりしている友人に）「大丈夫だよ、次は絶対受かるよ。」

「いつもトイレをきれいにご使用いただき、ありがとうございます。」

●申し出る・約束する・プレゼントする

●ジョークを言う　：　笑いを共有する

配慮表現は敬語のほかにもさまざまにあることがわかります。A・B両タイプの配慮表現を上手に組み合わせて、コミュニケーションを楽しみましょう。

図5–3　協力・共同性を示す「ゴミは、持ち帰りましょう」

図5–4　楽観視する

図5–5　ジョークを言う

5—3 異文化間コミュニケーション

配慮表現には、ジェスチャーなどの非言語行動もあります。例えば、お辞儀など身体が接触しない挨拶は距離を置いて相手を立てる[A]タイプ、握手やハグなど直接身体が接触するのは相手に近づき親しさを表す[B]タイプの配慮表現です。

どちらのタイプがよく使われるかは、文化によって異なります。

日本語は[A]タイプが優勢な言語の一つです。一方、中国語やアメリカ西海岸の英語は、[B]タイプが優勢と言われています。日本の中でも、東京は[A]、大阪は[B]という傾向の差があります。

[A]タイプの配慮表現は、**礼儀正しく丁寧**であると同時に、**冷たくよそよそしい**印象があります。

[B]タイプの配慮表現は、**親しみやすくフレンドリー**であると同時に、**無遠慮で馴れ馴れしい**印象があります。

このような配慮の表し方の相違が、異文化間コミュニケーションにおける誤解の原因になることもあります。

例えば、海外で初対面の相手に、結婚しているか、子供は何人か、月給はいくらか、などプライバシーを次々に聞かれたことはありませんか？　独身と答えれば理由を尋ねられ、いい人がいるから紹介すると、頼んでもいないのにお節介を焼かれ、自分の領域にずかずか踏み込まれたことはありませんか？　これらは、B タイプの配慮なのです。逆に、金持ちなのに貸してくれない日本人、日本の家電製品やIT機器を頼んでも快く引き受けてくれない日本人は、ひどく冷たいと思われています。

日本の中でも、年配の人たちは従来の A タイプの配慮表現をよしとします。一方、若い世代は B タイプにも価値を置きます。言葉の世代差は、文化間摩擦の一種でもあるのです。

異文化に触れることで、自文化を相対化し、それぞれの良さや豊かさに気づくことができます。偏狭な自文化中心主義に閉じこもらず、世界の言語・文化を広く視野に収めることで、敬語の特徴をさらに理解し、いっそう自在に使いこなすことができるでしょう。

コラム5　敬語のこれまで・いま・これから

言葉は絶えず変化しています。敬語も例外ではありません。千年以上にわたる敬語の変化の方向性は、次のようにまとめられます。

●丁寧語の隆盛…相手への配慮が最優先

尊敬語・謙譲語はそもそも、話題の中の登場人物を立てる敬語（素材敬語）で、立てる人物は話の相手と一致するとは限りませんでした。しかし、現在はその場にいない第三者への素材敬語は減少し、相手を立てるものが増えています。相手を立てる専用の敬語（対者敬語）の丁寧語は、歴史的には素材敬語より遅れて登場しましたが、現在では敬語の中で最もよく使われる馴染み深いものになっています。(7)

(7)　敬語の運用ルールは絶対敬語から相対敬語へ変化してきたと言われていますが、この変化も、話題に登場する第三者より相手への配慮が優先されるようになったためです。

●上下から親疎へ

以前の敬語は、上位者には無条件で使い、下位者には無条件で使わない、という**上下**関係に基づく**非対称的**なものでした。親疎など他の要因は関係ありませんでした。

しかし現在は、知らない人に道を尋ねる場合など、明らかに年下の相手でも丁寧体を使うことが多くなっています。上下関係のない学生どうしや隣人どうしの場合も、最初は丁寧体でスタートし、親しくなるにつれ徐々に普通体に切り替わっていきます。現在の敬語は、**親疎**関係に基づき**対称的**に使われるようになっています。(8)

●簡素化・平明化

尊敬語は、「れる/られる」をつける形(**レル敬語**)の用例が増えています。「いらっしゃる」「おっしゃる」などの特定形や一般形の「お/ご〜になる」(ナル敬語)は大げさですし、使える動詞も制限されています。この点、レル敬語はほぼすべての動詞に使え、相手を立てる度合いも軽いので大げさでなく、親しさの表現とも併用できます。(9)

---

(8)『朝倉日本語講座8敬語』には、先生に敬語を使えという教師が生徒に敬語を使っていない、軽んじられているようで心外である、という高校生の不満が紹介されています。

(9) 助動詞「れる/られる」には受身・尊敬・可能・自発の四つの意味があり、その負担は新しい可能表現の登場により軽減に向かいました(ステップ1−4)。自発は心情動詞に限定され、尊敬は特定形やナル敬語を使えば、「れる/られる」は受身に限定され、合理化・明確化が進行するはずでした。レル敬語の増加は、これとは

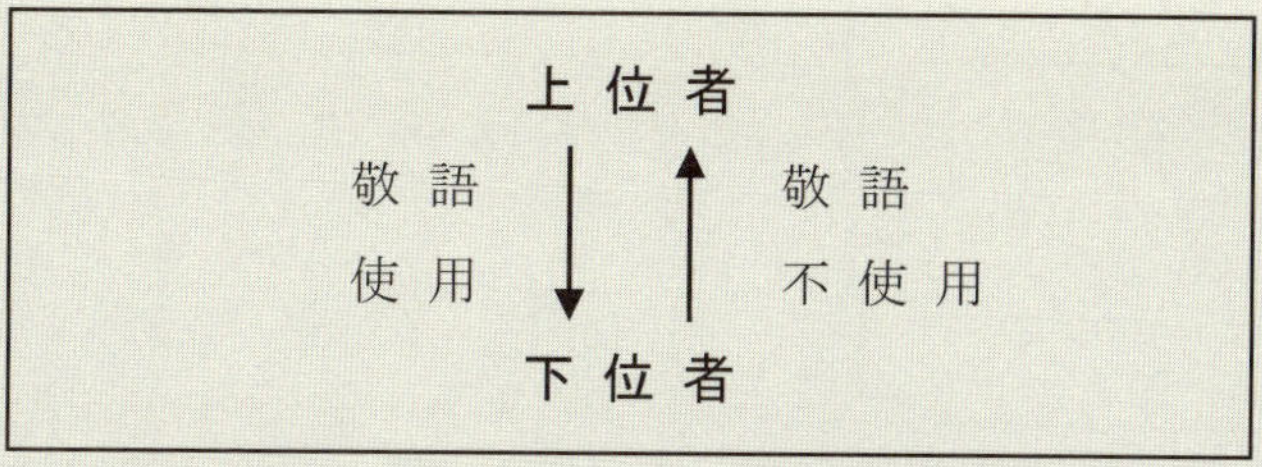

図 5-6　上下に基づく非対称的敬語使用

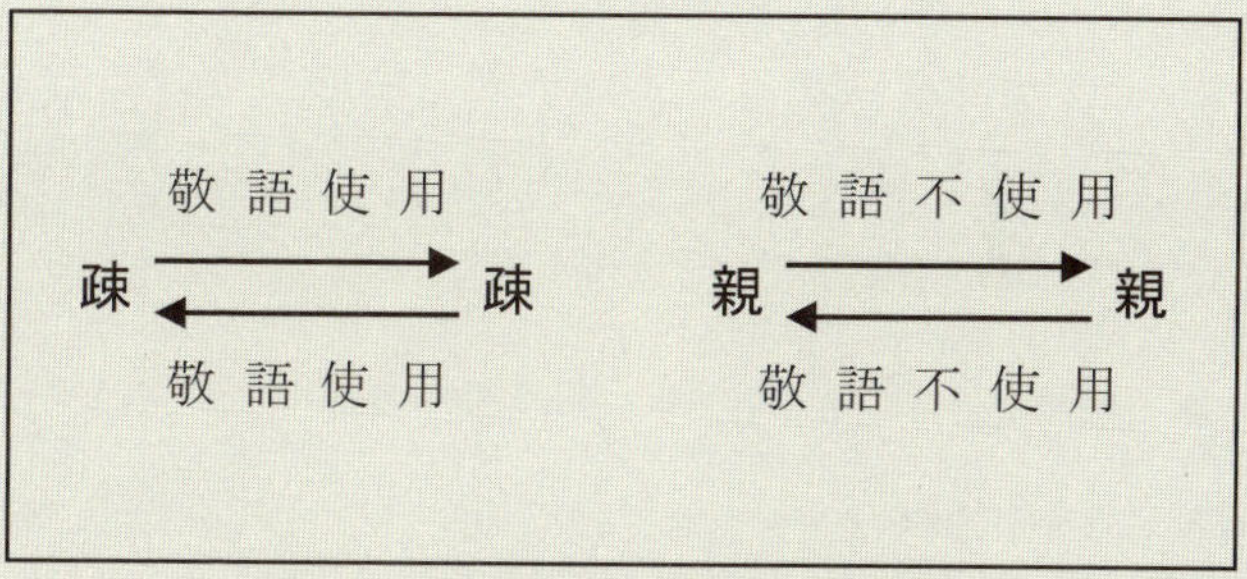

図 5-7　親疎に基づく対称的敬語使用

逆の方向です。「れる／られる」はどうなっていくのか、まだしばらく見守る必要があるでしょう。

謙譲語は、**「〜（さ）せていただく」**が増え、**丁重語**化も進んでいます。特定形や一般形ほど大げさでなく、尊敬語とも紛らわしくありません。ほとんどすべての動詞に使えます。また、自分を下げて相手を立てるという難しい操作も不要です。

丁寧語は、**「です」**がさらに盛んに使われています。当初は名詞につくだけでしたが、「暑いです」「美しいです」のように形容詞につく形も定着しました。動詞は、「です」ではなく「ます」のはずですが、表5―2のように、「です」が勢力範囲を広げています。現在の「です・ます」が「です」に一本化される日が、いつか来るかもしれません。

表5-2　丁寧語「です」の勢力拡大

	従来の丁寧語	新しい丁寧語
名詞	山でございます	山です
形容詞	暑うございます	暑いです
動　詞	行きます 行きました	行くんです 行ったんです
	行きません 行きませんでした	行かないです 行かなかったです
	雨が降りましょう	雨が降るでしょう
	取ってください	取ってもらっても｛いい／大丈夫｝ですか

おすすめブック・ガイド

★わかりやすい入門書

井上　史雄（一九九九）『敬語はこわくない』講談社現代新書
梶原しげる（二〇〇八）『すべらない敬語』新潮新書
菊地　康人（二〇一〇）『敬語再入門』講談社学術文庫
滝浦　真人（二〇〇八）『ポライトネス入門』研究社
滝浦　真人（二〇一三）『日本語は親しさを伝えられるか』岩波書店
野口　恵子（二〇〇九）『バカ丁寧化する日本語』光文社新書
橋本　　治（二〇〇五）『ちゃんと話すための敬語の本』ちくまプリマー新書

★基本資料

『敬語の指針』（二〇〇七）文化審議会答申

<http://keigo.bunka.go.jp/guide.pdf>
『現代社会における敬意表現』(二〇〇〇)国語審議会答申
<http://kokugo.bunka.go.jp/kokugo_nihongo/joho/kakuki/22/tosin02/index.html>
『これからの敬語』(一九五二)国語審議会建議
<http://kokugo.bunka.go.jp/kokugo_nihongo/joho/kakuki/01/tosin06/index.html>
文化庁「国語に関する世論調査」の結果について
<http://www.bunka.go.jp/tokei_hakusho_shuppan/tokeichosa/kokugo_yoronchosa/>

★さらに詳しく知りたい方に

井出　祥子(二〇〇六)『わきまえの語用論』大修館書店
宇佐美まゆみ(二〇〇二)*Discourse Politeness In Japanese Conversation: Some Implications for a Universal Theory of Politeness.* ひつじ書房
蒲谷宏・川口義一・坂本惠(一九九八)『敬語表現』大修館書店
菊地　康人編(二〇〇三)『朝倉日本語講座8　敬語』朝倉書店
鈴　木　　睦(一九九七)「日本語教育における丁寧体世界と普通体世界」田窪行則編『視点と言語行動』くろしお出版

滝浦　真人（二〇〇五）『日本の敬語論』大修館書店
ブラウン&レヴィンソン、田中典子監訳（二〇一一）『ポライトネス――言語使用における、ある普遍現象』研究社
三牧　陽子（二〇一三）『ポライトネスの談話分析――初対面コミュニケーションの姿としくみ』くろしお出版
三宅　和子（二〇一一）『日本語の対人関係把握と配慮言語行動』ひつじ書房

★敬語も含め日本語全般について興味深く読める本

井上　史雄（一九九八）『日本語ウォッチング』岩波新書
北原保雄編著（二〇〇四〜一一）『問題な日本語』（全四冊）大修館書店
鈴木　孝夫（一九七三）『ことばと文化』岩波新書
『日本語あれこれ事典』（二〇〇四）明治書院
『みんなの日本語事典』（二〇〇九）明治書院

あとがき

世間には敬語の本があふれています。その多くは、著者の主観に基づき正誤を判定したうえで、誤用を世の乱れと嘆き人格攻撃に及ぶものです。これでは、敬語を自然に身につけ自信を持って使えるようにはなりません。

言葉は、円滑なコミュニケーションのための道具です。社会の仕組みや人々の考え方が変わっていけば、言葉も当然変わります。

現在の敬語は、かつてのように上下関係を示すだけでなく、親しさの程度や心くばりを表すものになってきています。この変化の進行の度合いは、地域・世代・業種などの文化によってさまざまです。どれか一つの価値基準を押し付けたり押し付けられたりするのではなく、多様性を尊重し合っていきたいと思います。そんな願いを込めながら、この本を執筆しました。

敬語を身につける方法は外国語学習と同じです。実際の用例をたくさん見聞きして頭の中に蓄えること。その仕組みを筋道立てて理解すること。車の両輪のように、このどちらも欠かせません。

この本には、両方を盛り込むよう精一杯工夫しました。読者の皆さんが、敬語を自然に身につけ、自信を持って使って行く旅のお供に、この本を連れて歩いていただければうれしく思います。

敬語の用例収集や実態調査にご協力くださった跡見学園女子大学・東洋大学の学生の皆さん、草稿を読み貴重なコメントをくださった方々、企画の段階から一冊の本になるまで伴走してくださった研究社編集部の佐藤陽二さん、そしていつも支えてくれる家族に、心からの感謝を捧げます。

二〇一六年十月　髙橋　圭子

索　引

表 現 編

索　引

※本索引は「用語編」と「表現編」に分かれています。

用語編

【あ行】

【か行】

【さ行】

著者プロフィール

高橋　圭子（たかはし・けいこ）

東京大学大学院総合文化研究科修士課程修了。神奈川県立高校国語科教諭、日本語教師などを経て、現在はフリーランスの立場で日本語学・日本語教育について講じている。主な著書・論文に、『研究社日本語教育事典』（近藤安月子＋小森和子編、研究社、分担執筆）、「高校古文教科書を考える：ジェンダーの視点を中心に」（『世界をつなぐことば』三元社）、「NHK『クローズアップ現代』の〈物語〉──メディア・テクストの批判的分析」（『メディアとことば第2巻』ひつじ書房）、「疑問文に見られる“Writer/Reader visibility”──中国人学習者と日本語母語話者の意見文の比較」（『日本語教育』第130号、共著）、「〈御息所〉考──『栄花物語』『源氏物語』などの用例から」（『国語と国文学』第90巻第3号）。

自然《しぜん》な敬語《けいご》が基本《きほん》から身《み》につく本《ほん》

●2016年12月1日　初版発行●

●著　者●

高橋　圭子

© Keiko Takahashi, 2016

●発行者●

関戸　雅男

●発行所●

株式会社　研究社

〒102-8152　東京都千代田区富士見2-11-3

電話　営業　03-3288-7777（代）　　編集　03-3288-7711（代）

振替　00150-9-26710

http://www.kenkyusha.co.jp/

KENKYUSHA

〈検印省略〉

●印刷所・本文レイアウト●

研究社印刷株式会社

●装丁●

寺澤　彰二

●イラスト●

吉野　浩司

ISBN 978-4-327-38473-9　C2081　Printed in Japan